KB080797

심리상담을 위한
타로카드
활용법

심리상담을 위한
타로카드
활용법

• 박민정 지음 •

처음 만나는 사람과 이야기를 하는 것은 누구에게도 결코 쉬운 일이 아닙니다. 특히나 심리 상담을 받으려는 내담자들은 더욱 어려움을 겪습니다. 많은 이들이 힘든 원인을 찾아 문제를 해결하기 위해 상당한 용기를 내어 상담사를 찾아오지만 아무리 마음이 굴뚝같아도 쉽게 이루어지는 일이 아니어서 깊은 좌절에 빠지곤 합니다.

이야기를 잘 못 꺼내는 것은 매우 자연스러운 일이지만 상담의 은밀하고 비밀스러운 특성상 내담자들은 다른 이들과 상담에 대해 토론하거나 비교할 기회가 거의 없어 이를 깨닫기가 힘듭니다. 안타깝게도 본인이 잘못해서 그렇다고 자책해 버리기 쉽고 차라리 이를 상담사에게 털어놓으면 좋으련만 아예 상담 자체를 거부해버리고 마는 경우가 종종 생기곤 합니다.

이를 방지하기 위해서 상담자는 내담자가 내면의 이야기를 잘 꺼낼 수 있게 유도해내는 능력을 반드시 갖추고 있어야만 합니다.

많은 초보 상담사들이 각종 다양한 방법을 시도해 보지만 제대로 된 방법이 아니면 아무리 열심히 노력해도 그다지 효과가 없는 법이라 상당히 많은 수의 상담사들이 내담자의 이야기를 잘 끌어내지 못하는 현실에 대해 절망하고 직업적 자존감이 낮아져 가는 것이 현실입니다.

이런저런 다양한 시도를 하던 차에 타로를 만나 상담 도구로 활용하게 된 저는 참으로 행운입니다. 타로를 저의 주 상담 도구로 사용하기 시작한 이후로 마치 몸에 잘 맞는 옷을 입은 것처럼 고민하던 많은 것들이 해소되어 감을 느낍니다. 마치 부단히 노력했던 제게 운명이 우연을 가장하여 손에 쥐어 준 선물처럼 여겨집니다.

실제로 제가 만난 내담자들의 다수가 심리상담을 타로 상담으로 시작했습니다. 타로 상담은 심리상담의 높은 진입 장벽을 낮추는 데 효과가 탁월합니다. 심리상담은 뭔가 대단한 과정을 거치는 것으로 여겨 부담스럽게 생각하는 반면 타로 상담은 재미있는 활동이며 별 고민 없이 가볍게 체험할 수 있다고 여기기 때문입니다.

내담자들에게 타로 상담 경험은 내면의 이야기를 하는 것이 얼마나 마음의 안정에 도움이 되는지에 대한 맛보기 체험과 같다고 합니다. 타로 상담을 통해 심리상담의 맛을 알고 나니 이런 시간을 자주 갖는다면 내면의 깊은 문제도 해결될 수 있지 않을까 하는 기대감이 생겼고 심리 상담을 신청할 수 있는 용기가 생겼다고 합니다.

실제로 타로를 활용하여 상담하면 상당히 견고하게 보이는 내담자들의 심리적 방어벽에 쉽게 금이 가는 것을 볼 수 있습니다. 타로의 부드럽고 애매하면서도 때로는 분명한 특성 덕분에 내담자의 방어가 그다지 당황스럽거나 아프게 허물어지지 않는 사실도 반가운 점입니다. 내담자들은 자기도 모르게 방어벽을 허물고 본인이 그렇게 했음을 깨닫지 못하는 경우가 허다합니다. 이는 내담자뿐 아니라 상담사에게도 참으로 감사한 과정이 아닐 수 없습니다.

그러나 상담 도구로 사용되는 타로 카드는 활용성이 높고 기능이 더할 나위 없이 훌륭함에도 제대로 배울 만한 실질적인 매뉴얼을 찾아보기가 힘듭니다. 주변의 동료 상담사들이 책을 추천해달라고 하면 딱히 '이것을 봐라' 하고 권할만한 서적이 없어 안타깝고 난감했습니다.

시중에는 수많은 훌륭한 타로 관련 서적들이 있습니다만 상당수가 타로의 역사와 점성술과의 관련성 등을 서술하는데 대부분의 지면을 할애합니다. 타로를 이해하는 데 매우 중요한 부분이며 알아두어야 할 부분이긴 합니다만 거의 대부분 서적들이 이런 절차를 따르므로 카드의 상징과 의미까지 설명하면 책의 두께가 두꺼워지고 이론적이고 설명적인 내용만이 가득하게 되어 실용성을 담기 어렵습니다.

이 책은 타로를 심리상담의 도구로 어떻게 활용할지가 궁금한 상담사님들을 위해서 쓰였습니다. 타로의 역사와 구체적인 상징의 의미 및 각각의 카드에 등장하는 배경에 대해 간략한 언급이 등장하기는 하지만 세세하고 기본적인 정보는 제공하고 있지 않으므로 이런 부분은 독자님의 역량과 기호에 따라 여러 다른 서적과 강좌 등의 방법을 통해 숙지하시기 바랍니다.

각각의 카드가 선택되었을 때 어떤 식으로 언급하는 것이 내담자의 내면 탐색과 방어 약화에 도움이 되는지 경험에 근거한 의견과 지침을 중심으로 서술하려고 노력하였습니다. 일종의 대본(Script)처럼 여겨주시고 훈련하시길 권합니다. 이에 더하여 상담사의 임무와 태도에 대해 진지하게 고민하고 임하신다면 많은 도움이 될 것이라 확신합니다.

상담사님들의 좀 더 나은 상담을 위한 구체적이고 실질적인 도움이 될 수 있길 진심으로 기원합니다.

2022년
박민정 씀

❖ 1장부터 5장까지의 내용에서 중간에 등장하는 6-ⓐ부터 6-ⓩ번호는 구체적인 부연 설명으로 '6장 타로 상담의 실제'를 다룬 장에서 찾아서 읽고 참고하시기 바랍니다.

❖ 타로 카드를 활용한 상담은 모두 '타로 상담'으로 지칭하였습니다.

❖ 책에 나오는 상담에 중점적으로 사용된 타로 카드는 파멜라 콜먼 스미스 여사가 1909년에 그린 그림을 중심으로 아서 웨이트가 제작하여 판매한 유니버셜 웨이트 타로 카드입니다(실제 타로 카드를 가지고 책을 활용하신다는 가정하에 집필하였으므로 책에 등장하는 이미지는 카드를 확인하는 참고용으로만 사용하시길 바랍니다).

❖ 유니버셜 웨이트 카드 이외에 다른 카드들은 이미지에 대한 권리를 존중하는 법령에 따라 상호를 밝히고 내용을 글로 설명하는 정도로만 실었습니다.

❖ 타 카드들의 이미지와 기타 상담법이 궁금하신 분들은 저자의 블로그를 참고하시기 바랍니다.
https://blog.naver.com/tarosangdam

Contents

들어가며 004

2.5장
Major 22 Cards와 Minor 56 Cards

∽ 3장 ∽
상담사의 역할

∾ 4장 ∾
타로 상담의 한계와 보완

∾ 5장 ∾
특수 분야 리딩 : 금전 & 연애 & 펫(Pet)

∽ 6장 ∽
타로 상담의 실제

마치며 237

1장에서는 타로 상담에 관한 용어와 시간, 실제 상담의 구성 등 실제적인 요소들을 소개합니다. 타로에 관련된

가장 기본적이고 필수적인 개념만을 모아 놓았으므로 혼란스럽지 않도록 여러 번 읽고 숙지하시어 잘 정리하

여 기억하시기 바랍니다.

1장

타로 상담 방법

1. 타로 리딩 & 타로 리더

타로는 여러 가지 의미를 한 번에 나타내는 복합적인 단어입니다. 사람들은 흔히 '나는 타로를 볼 줄 안다'고 하거나 '나는 타로를 여러 개 가지고 있다'고 말합니다. 헷갈리긴 하지만 이 두 문장이 모두 맞는 이유는 타로라는 단어가 갖는 복합성 때문입니다.

'타로'는 '타로 카드' 자체를 가리키기도 하고 '카드를 해석하는 과정 등의 각종 행위'를 말하기도 합니다. 타로를 볼 줄 안다는 말에서의 타로는 행위를 말하며 타로를 여러 개 갖고 있다는 말은 손에 잡히는 물건으로서의 타로 카드를 의미한다고 볼 수 있습니다.

카드를 펼쳐놓고 의미를 설명하고 해석하는 행위는 타로 리딩(Tarot Reading)이며 이를 주도하는 사람을 타로 리더(Tarot Reader)라고 합니다. 보통 '타로를 본다'는 말은 타로 리딩을 말하며 의뢰한 이가 리더의 지시에 따라 카드를 골라서 늘어놓은 후 리더가 카드를 한 장씩 뒤집으면서 의미를 이야기하고 숨겨진 메시지를 전달하는 모습이 일반적입니다.

타로는 운세를 보거나 점을 치는 도구로 사용된 시간이 훨씬 길기에 그만큼 친근하면서도 상담 도구로서의 사용에서 많은 오해를 받기도 합니다.

운세나 점성술로서의 타로 리딩과 상담으로서의 타로 리딩은 목적하는 바와 진행 방식에 다소 차이가 있습니다. 점성술로서의 타로 리딩은 지시적이고 단정적이며 즉각적인 결론을 위주로 하는 편인 반면 타로 상담은 심리상담이며 내담자에게 단정적인 결론을 전달하거나 행동의 변화를 권하지 않습니다.

각종 심리상담과 마찬가지로 타로 상담도 내담자 스스로 답을 가지고 있다는 전제를 가지고 출발합니다. 타로 리더로서의 상담사는 그저 내담자가 답을 찾는 여정을 함께 하는 사람이며 내담자의 내면 탐구와 자아 성찰을 위해서만 역할을 합니다.

2. 타로 카드 선택 및 구입

타로 상담을 하기 위해서는 일단 타로 카드를 가지고 있어야 합니다. 간혹 상담실에 타로 카드를 비치해두고 여러 상담사가 돌아가며 사용하는 경우도 있습니다만 카드를 가지고 다니면서 틈날 때마다 지인과 주변인을 대상으로 타로 리딩 연습을 하는 것이 실력을 키우는 데 도움이 되기에 이왕이면 개인별로 갖추시는 것을 추천합니다.

타로 카드를 구입하기 위해 찾아보시면 어마무시하게 많은 그 종류에 놀라게 됩니다. 일단은 가장 대중적으로 사용하는 기본적인 카드를 구입해 사용하시는 것이 좋습니다. 기본을 익히고 나면 다른 카드로 확장해나가는 것은 그리 어렵지 않습니다. 가장 많이 쓰이는 기본 카드는 1909년 초판이 나온 '유니버셜 웨이트 타로 카드'입니다.

시중에는 많은 종류의 타로에 관련된 서적들이 있습니다. 개중에는 타로 카드와 묶어서 함께 판매하는 패키지 상품도 있고 타로 리딩 시 사용할 액세서리 등을 덤으로 얹어 주는 구성도 있습니다. 그러나 이런 면에 혹해서 충동구매를 하기보다는 워크숍에 참여해 보거나 유튜브에 있는 각종 타로 강좌를 듣는 등의 방식을 통해 직간접적으로 여러 종류의 카드를 먼저 접해 보는 것을 추천합니다. 타로 리더가 사용하는 여러 종류의 카드를 보다 보면 마음이 끌리는 카드 종류가 있고 영 내 스타일이 아닌 종류가 있음도 자연히 알게 됩니다.

개인적으로는 타로 상담을 준비하실 때 서로 다른 종류의 카드로 한 종류씩, 총 두 벌 정도 갖추는 것을 권합니다. 가장 많이 쓰이는 한 종류(예를 들면 유니버셜 웨이트와 같은)는 필수적으로 갖추시고 자신의 개성을 따라 독특한 타로 카드를 한두 벌쯤 더 갖추시는 겁니다. 기본 카드 한 벌만 사용하는 것도 좋지만 서로 다른 카드가 두 벌 이상, 혹 많게는 서너 벌 정도 갖추어져 있으면 상담자가 내담자의 특성에 따라 타로 카드를 골라 쓸 수 있어 상담에 재미를 더할 수 있습니다.

물론 카드의 기본적인 상징과 의미를 완전히 숙지하는 것은 필수 사항입니다. 유니버셜 웨이트 타로는 역사가 깊어 상징과 의미를 배울 기회가 많으므로 말 그대로 공부할 수 있는 다양한 자료들이 많습니다. 이에 비해 다른 종류의 타로 카드들은 종류가 지나치게 많은 탓에 배움의 기회가 적은 편입니다. 그저 화려한 모양과 색감에 끌려 독특하고 색다른 타로 카드를 잔뜩 구매하시고 제대로 활용을 못 하셔서 다시 기본 타로 카드를 구매하시고 공부하시는 분들이 많습니다. 그러기보다는 기본부터 확실히 익히고 시작하겠다는 마음가짐을 갖는 것이 중요합니다.

3. 타로 용어

타로 카드를 부를 때 쓰는 전문 용어들이 있습니다. 타로의 종류, 또는 개별 카드를 덱(Deck)이라고 부르고, 카드를 늘어놓는 배열법을 스프레드(Spread)라고 부르는 것이 대표적입니다. '유니버설 웨이트 타로 카드'도 '유니버설 웨이트 덱(Universal Waite Deck)'이라고 합니다.

타로를 상담 도구로 이용하기로 마음먹었다면 이런 전문 용어를 익히는 것은 기본이라 할 수 있습니다. 그러나 이는 어디까지나 타로에 대한 호기심에 내담자가 이것저것 물어올 경우를 대비한 것입니다. 점술 타로라면 모를까 타로 상담 진행 시 내담자를 앞에 두고 생소한 전문 용어를 사용하는 것은 권하지 않습니다.

운세나 점술을 위한 타로 활동에는 생소하고 낯선 용어들이 필요하기도 합니다. 엄연히 상업 활동이므로 전문가처럼 보이는 분위기를 연출할 여러 가지 장치를 마련할 수 있습니다. 심지어 타로 리더 자신이 하나의 상품이 되는 경우도 있으므로 당연한 부분입니다. 전문 용어를 쓰고 이국적인 분위기를 조성하는 것은 자칫 잘못하면 어설프고 우스워 보일 수 있지만, 제대로만 한다면 타로 리더에게 어느 정도의 권위를 부여하는 효과도 있습니다. 심지어 찾아오는 사람(손님)들도 이런 모습을 기대하곤 합니다.

그러나 상담사로서 심리상담의 보조 도구로 타로를 사용하고 싶다면 이런 자극적인 분위기를 조성하는 것에 대해 각별히 조심하고 예민하게 신경을 써야 합니다. 생소하고 이국적인 환경에서 이런저런 낯선 용어를 남발하는 이를 만나면 심리적인 문제를 안고 상담을 받으러 온 내담자가 낯선 분위기에 놀라 마음을 닫아버리거나 심지어 발길을 돌려버릴 수도 있기 때문입니다.

물론 재미있어하고 호기심을 느끼며 더 가까이 다가오는 내담자도 있을 수 있으므로 이렇게 하면 된다 안된다는 식으로 명확하게 원칙이 있는 것은 아닙니다. 어떤 스타일의 타로 리더가 되어 어떤 식의 타로 리딩 분위기를 조성할 것인가는 전적으로 개인이 판단할 일입니다.

낯선 용어와 생소한 단어를 제시하는 것이 내담자의 호기심을 끌어 상담에 도움이 된다면 당연히 그렇게 해야 하지만, 이를 이용하여 상담사로서의 권위를 세우거나 내담자에게 심적인 위압감을 주려는 욕구가 생길 수도 있습니다. 상담사는 자신이 어떤 식으로 이 분위기를 끌고 가려 하고 있는지 자아 통찰부터 먼저 할 필요가 있습니다. 행여나 권위적인 타로 리더가 되어 내담자를 쥐락펴락하고자 하는 욕구에 휩쓸리고 있다면 상담 분야는 물론 아예 사람을 대하는 직업을 가질 생각 자체를 하지 않는 편이 좋을 것입니다.

타로 상담은 타로 카드라는 도구를 이용한다뿐이지 여타 심리상담과 다를 바가 없습니다. 내담자가 자신의 내면으로 깊이 들어가서 자신의 고유한 가치를 깨달아 건강한 삶을 영위하도록 돕는다는 기본 방침을 잊지 말아야 합니다.

 # 4. 타로 상담에 걸리는 시간

일반적인 심리상담은 50분을 기준으로 10회기 이상 진행되는 것이 기본입니다. 타로 상담 역시 내담자의 요구와 특성에 따라 다양하게 적용되기는 하지만 '1회기당 4~50분 이상' 소요되는 것이 일반적이며 타로 리딩 횟수가 늘어날수록 시간이 더 소요됩니다.

타로는 점술 도구나 자기 분석 도구로서도 훌륭하지만 뭐니뭐니해도 심도 있는 대화를 끌어내는 도구로서 최고의 가치를 발합니다. 실제로 뭔가 이야기하고 싶지만, 이야기를 꺼내놓기가 힘들어 난감해 하는 내담자들에게 타로 카드를 놓고 이런저런 주제로 리딩을 하다 보면 어느 틈에 한 시간이 훌쩍 넘어가기도 합니다.

그러나 아무리 가치 있고 유용하다 해도 시간제한은 필요합니다. 행여 상담사가 충분히 버텨낼 힘이 있고 오랜 시간 리딩을 할 여건이 된다 해도 긴 시간 타로 리딩을 진행하는 것은 금물입니다. 타로 리딩에 재미를 느끼기 시작하면 한 번만 더 또는 조금만 더 진행하고 싶은 마음에 쉽게 자제력을 잃게 됩니다. 단순히 육체적, 정신적 피로도가 올라가는 것만이 문제가 아니라 자칫하면 시작할 때 의도했던 힐링이나 내면 탐색과는 전혀 다른 결과를 낳을 수 있습니다.

타로 상담을 아직 체험해 보지 못한 상담사라면 4~50분의 시간이 긴 시간인지 짧은 시간인지 감이 오지 않을 수 있습니다. 혹 길거리에서 재미로 보는 타로를 생각한다면 꽤 긴 시간으로 느껴질 수도 있습니다.

점술이나 운세 보기를 목적으로 하는 타로 리딩은 시간이 길게 소요될수록 비용을 추가해서 받는 경우가 많습니다(카페나 길거리 등지에서 타로를 홍보하며 카드를 한번 섞어서 펼치는 데 얼마라고 쓰여 있는 문구를 한 번쯤 접해 보셨을 것입니다). 이들은 비용을 많이 들이고 싶지 않으면서 원하는 이야기를 듣고 싶은 의뢰인(손님)들의 요구를 만족시켜야 하므로 가급적 빠른 시간 내에 원하는 목적을 달성하도록 되어 있습니다.

이런 이유로 길거리에서 재미로 보는 타로 운세나 혹은 타로 카페와 같은 장소에서 점술을 목적으로 사용되는 타로는 타로 리더가 중심인물이 되어 의뢰한 사람에게 일방적인 메시지를 통보하는 경우가 대부분입니다. 그래서 운세나 점술 타로 리딩에 소요되는 시간은 의뢰인(손님)이 그저 듣는 데 치중할 수 있도록 2~30분으로 정해지는 것이 보통입니다.

반면 타로 상담은 타로 리더의 질문에 의뢰인(내담자)이 충분히 젖어들고 빠져들 시간이 필요합니다. 타로 카드가 상담사의 손에서 상담의 도구로 사용될 경우에는 내담자가 전적으로 중심인물이 됩니다. 내담자의 자기 탐색과 가능한 한 깊은 통찰을 체험하게 하는 것이 기본적인 목적이므로 타로 리더는 질문을 던지는 사람, 카드의 의미를 읽고 되돌려 주는 사람의 한계를 벗어나지 않습니다.

예를 들어 리딩 도중 내담자가 '그럼 전 어떻게 해야 해요?'라고 물어왔을 경우 운세나 점술의 타로 리더는 '○○를 하라' 또는 '○○를 하지 말고 □□를 하라'고 직접적으로 지시하는 것을 선호하는 편이지만, 상담사의 경우에는 '어떻게 하기를 원하는가, 한다면 어떻게 하고 또 하지 않는다면 어떻게 할 것인가?' 등 자기 탐색으로 내담자를 유도하게 됩니다. 앞으로의 행동에 있어 방향을 제시하거나 기존의 행동을 즉각 수정할 것을 강압적으로 지시하지 않는 것이 심리 상담의 기본이기 때문입니다.

이분법적인 시각으로 운세나 점술로 보는 타로가 좋거나 나쁘고 혹은 타로 상담이 더 좋거나 나쁘다고 판단할 일은 아닙니다. 당장 직접적인 지시나 행동 수정을 권고받고 싶은 이들은 타로 카페나 카리스마 있는 점술가를 찾을 것이고 통찰과 자기 분석이 바탕이 된 심도 있고 느긋한 대화가 필요한 이들은 상담 장면을 선호할 것입니다. 물론 이 둘의 경계는 그리 명확하지 않으며 때로는 정반대일 수도 있습니다. 그저 '기본적인 리딩의 결이 다르구나', '타로 상담과 운세, 점술의 타로는 기본적으로 요구되는 시간이 다르구나' 하고 이해하시길 바랍니다.

5. 타로 상담의 구성

타로 상담의 구성이 잘 이해되지 않거나 어렵게 느껴질 경우에는 6장에 첨부된 축어록들을 먼저 훑어보는 것을 추천합니다. 타로 상담의 과정을 간접적으로 접해 보는 시간을 갖는 것이 도움될 것입니다. 타로 상담은 3단계로 이루어집니다. 질문(주제 또는 사례) 구체화 과정으로 시작하여 카드 리딩으로 이어진 후 리딩 내용에 대한 피드백 및 소감 나눔(Sharing)으로 마무리됩니다.

✦ 질문 구체화 과정

접수 면접이나 구조화와 같은 다른 절차 없이 오롯이 50분 동안 타로 상담을 진행하실 경우 짧게는 10분, 최대 20분 정도의 시간이 타로 상담을 받고자 하는 주제에 대한 질문을 구체화하는 과정에 사용됩니다. 시간이 많이 소요되는 만큼 타로 상담에서 가장 중요한 부분입니다.

타로 상담은 1회기로 한정된 매우 짧은 시간 안에 상담이 이루어져야 하기 때문에 상담 주제를 얼마나 명료하고 객관적으로 구체화할 수 있는가가 매우 중요합니다.

심리상담 장면에 오는 내담자들의 주호소는 막연한 경우가 많고(뭐가 문제인지 모르겠는데 힘들긴 너무 힘들다 etc.) 실제로 이게 문제인 줄 알고 왔는데 그 이면에는 전혀 다른 원인이 있기도 합니다(연애가 잘되지 않아 본인의 가치관에 문제가 있는 줄 알았는데 보수적이고 강압적인 부모님에 의해 이성에 대해 불편함을 가지고 있다 etc.).

이런 이유로 보통의 상담 초기에는 주호소를 구체화하고 상담의 방향을 잡는 이른바 '사례 개념화'를 반드시 하게 되어 있습니다. 아무리 단회기 상담이라 하더라도 기본적으로 5~10회 기 이상을 기본으로 하기 때문에 1회기인 타로 상담에 비해 시간적 여유가 많이 있습니다.

타로 상담에서는 주호소 탐색에 주어진 시간이 길어야 20분 정도밖에 없기에 심리상담에서

처럼 사례 개념화를 충분히 하기가 어렵습니다. 기존에 타로 리딩을 경험해 본 내담자라서 어떤 식으로 질문을 해야 하는지 알고 있다고 할지라도 점술의 타로 리딩과 상담의 타로 리딩은 다르므로 진행 과정에서 내담자가 혼란스러워할 수도 있습니다. 타로 상담 시작 전에 내담자에게 점술로서의 타로 리딩을 한 경험이 있는지 확인하고 상담으로서의 타로 리딩은 기본적인 목적이 다름을 미리 알려주는 것이 필요합니다. 【6-ⓐ 이전의 리딩 경험 확인】

점술로서의 타로와 타로 상담의 차이를 알고 상담을 신청하는 내담자들은 드뭅니다. '고민이 있고 마음이 힘들긴 한데 심리상담을 받으러 가기는 여건도 안되고 마음도 안 내킨다', '타로는 뭔가 신기하고 그저 재미있을 것 같고 시간도 오래 걸리지 않는다', '그냥 이야기를 잘 들어주는 사람과 수다 겸 힐링하는 시간을 가져보면 좋겠다', 이런 소소한 기대가 대부분의 내담자가 타로 상담을 신청하는 이유입니다.

이런 막연한 내담자들의 욕구를 구체화하여 핵심 질문을 설정하려면 내담자에게 본인만의 가치관이 있음을 일깨워 줄 필요가 있습니다. 이를 위해 상담사가 먼저 '세상에는 맞고 틀리는 일이 거의 없으며 가치관에 따른 느낌이 있을 뿐'임을 확실히 인지하고 있어야 합니다.

'맞는지 틀리는지'에 집중하는 내담자를 어떻게 느낄 때 '스스로 맞다고 여겨지는지', 그리고 어떻게 느낄 때 '스스로 틀렸다고 여기고 위축되는지'로 유도할 수 있어야 하며 이것이 타로 상담의 시작 부분에서 질문을 구체화하는 과정의 기본 전제라고 할 수 있습니다.

타로 상담에서 '질문'에 중점을 두고 타로 상담에 적합하게 다듬는 과정은 매우 중요하며 반드시 신중하게 신경 써야 하는 부분입니다. 타로 상담을 위한 내담자의 질문을 구체화하는 방법은 다음과 같습니다. 【6-ⓑ 질문 구체화 과정】

① 충분히 듣는다. 타로 상담에 적합한 질문을 내담자가 처음부터 꺼내지 못할 것이라는 전제하에 내담자가 실컷 표현할 수 있도록 두고 경청한다. 내담자가 뭔가 주제를 꺼냈을 때 상담사가 난감해하는 표정을 보이거나, 그런 식의 질문은 옳지 않다는 비난이나 훈계조의 반응을 보이면 상담은 제대로 이루어질 수 없다.

② 내담자가 갈등하는 주제에 대해 닫힌 질문과 열린 질문을 섞어서 건넨다. 이때 주제와 연관된 어떠한 다양한 선택지가 있는지에 중점을 두고 내용을 추려서 정리한다.

③ 내담자가 주제에 대해 이분법적이고 흑백론적인 결과를 묻는 경우(합격한다/불합격한다, 당첨된다/당첨되지 않는다, 한다/하지 않는다 etc.), 결과의 여부가 아닌 상황과 흐름에 초점을 맞추어 질문을 설정한다.

④ 막연하게 그저 심란하거나 마음이 싱숭생숭해서 그야말로 '그냥' 타로를 보러 오는 경우 가장 일반적인 주제로 질문을 제시한다.

막연한 질문을 어떤 식으로 구체화해야 하는지 다음의 예시를 참고하여 내담자의 질문과 상담자의 질문을 비교 분석하시면서 두 간격을 좁히고 자연스럽게 전환하는 방법을 연습합니다.

내담자의 일반적 질문 vs. 상담사가 사용하는 질문

▶ **연애운 봐주세요.**
 - 지금 하고 계신 연애에 어떤 불편함이 있으신가요?
 - (내담자)님에게 연애는 어떤 의미인지 카드가 나타내는 이미지를 한번 볼까요?

▶ **지금 하는 일(졸업, 취업, 연애, 결혼 etc.)을 잘하고 싶어요.**
 - 어떤 부분이 제일 걱정 되시나요?
 - 가장 중요하게 여겨지는 점은 어떤 부분인가요?
 - 가장 마음에 걸리는 부분이 있다면 어떤 것이 있을까요?
 - 좋다, 스스로 만족한다고 이야기할 수 있을 때는 어떤 상황일까요?
 - 뭔가를 '잘한다'고 얘기한다면 그 속에서 가장 중요하게 여겨지는 조건은 어떤 것들이 있나요?

▶ **회사를 다닐까요, 그만둘까요?**
 - 그만둘 경우 가장 힘들게 느낄 부분과 가장 좋아할 부분은 어떤 게 있을까요?
 - 회사를 그만두고 나서 다른 하고 싶은 일이 있나요? 있다면 어떤 것이 있나요?
 - 회사를 계속 다니는 경우 가장 힘들어할 부분과 도움이 되는 부분은 어떤 게 있을까요?

▶ **이번에 치는 시험에 붙을까요, 떨어질까요?**
 - 시험 결과가 나온 이후에 삶은 어떤 방향으로 흘러가게 되는지 볼까요? 시험에 붙는다면 또는 떨어진다면 삶의 어떤 부분이 어떻게 달라질 수 있을까요?

▶ **금전운이 어떤지 보고 싶어요.**
 - 요즘 생활하시면서 금전운에 관련될만한 어떤 특별한 일이 있으셨나요?
 - ○○님에게 돈이란 어떤 존재인지 카드로 한번 읽어볼까요?

▶ **요즘 너무 우울해서 그냥 타로 한번 보고 싶어요.**
 - 우울함을 주는 이유가 무엇인지 그림으로 한번 비춰볼까요?

타로 상담이 시작된 후 상담사가 이것저것 물어보기 시작하면 내담자가 이상하게 생각하지 않을지 염려가 된다는 이들이 있습니다. 내담자 중에는 빨리 카드를 보고 싶은 마음에 왜 이런 '질질 끄는' 시간을 갖는지 의아해하는 이들도 있기는 합니다. 그러나 이때 놓치지 말아야 할 것은 질문은 그만하고 빨리 카드나 보고 싶다고 재촉하는 내담자는 나름대로 중요한 특성을 내보이고 있다는 점입니다.

경험상 타로 상담을 신청한 대부분의 내담자는 호기심에 살짝 들뜬 상태이므로 상담사가 하는 질문이 타로 리딩을 위한 것이라 생각하여 저항이나 거부감없이 편안하게 자신을 오픈하는 편입니다. 혹시나 이것저것 묻지 말고 빨리 카드를 보자고 재촉하는 내담자가 있다면 그만큼 그들의 방어 수준이 높음을 보여주고 있는 것입니다. 이런 내담자의 특징을 재빨리 이해하고 조심해서 상담에 임해야 할 것입니다.

그리고 간혹 어떤 내담자들은 타로 리딩이 미래를 예견하거나 이미 정해져 있는 확고한 해결책을 제시해주는 행위라고 믿고 이를 알려줄 것을 상담사에게 요구하기도 합니다. 이런 내담자들은 보통 질문을 구체화하는 단계에서 상담사가 던지는 질문들에 대해 대부분 미래의 가능성과 정해진 결과에 대해서 집중하여 답을 합니다. 이때는 최대한 부드럽게 타로 상담은 미래를 읽고 예견하는 점술이 아님을 알려주고 그런 확고한 해결책을 원하고 있는 내담자의 마음이 그만큼 힘든 상태임을 안타깝게 여기고 공감하고 있음을 피력하도록 합니다. 【6-ⓒ 타로가 읽는 미래】

◆ 카드 리딩

질문이 구체화 되었으면 그다음은 카드를 고르는 순서로 넘어갑니다. 상담사가 카드를 잘 섞어 뒤집어 놓으면 내담자는 지시대로 카드를 고르게 되고 상담사는 이를 지정된 배열법의 모양대로 늘어놓습니다(카드 고르고 늘어놓기: Spread). 그리고 상담사는 카드를 한 장씩 뒤집어서 이미지를 확인하면서 의미를 이야기하고 숨겨진 메시지를 해석하여 전달합니다(이야기 나누기 & 해석하기: Storytelling & Explanation).

(1) 카드 고르고 늘어놓기(Spread)
내담자가 카드를 고르면 무의식적으로 카드를 뒤집어 이미지를 보려고 시도할 때도 있습니다. 이를 미리 방지하기 위해 상담사가 내담자가 고른 카드를 지그시 누를 수도 있습니다.

이때 상담사는 내담자가 잘못했다고 생각하거나 당황하지 않도록 부드럽고 자연스러운 분위기를 유지하도록 애써야 합니다. 카드를 먼저 보는 건 절대 안 된다는 원칙하에 내담자의 행동을 지적하고 무안을 주는 것보다는 차라리 카드 이미지를 먼저 확인하도록 내버려 두는 편이 낫습니다. 【6-⑨ 내담자의 카드 이미지 선(先)확인 오류】

골라진 카드를 특정한 모양으로 늘어놓는 것을 '배열법(Spread)'이라고 합니다. 평소에 타로에 관심이 있었다면 켈트(Celtic) 십자가 스프레드니 말발굽 스프레드니 하는 말을 들어보셨을 수 있습니다. 하지만 앞서 말씀드렸듯이 점술 타로라면 모를까 타로 상담에서는 종교나 문화, 신비주의 등과 연관되는 듯한 어휘는 자제하시는 것이 좋습니다.

여기에서는 아주 기본적인 네 가지 배열법을 소개합니다. 첫 번째는 '① 3장을 고르는 배열법'으로 총 4가지의 의미(①-①, ①-②, ①-③, ①-④)를 담고 있습니다. 두 번째는 '② 6장을 골라서 장애물과 해결방안을 찾아보는 방법'이며 세 번째는 '③ 6장을 골라서 목표로 도달하기까지의 여정을 보는 징검다리 형태', 그리고 마지막으로 '④ 9장을 골라 타인과의 관계를 보는 방법'입니다.

3장 고르기는 3이라는 숫자가 주는 안정감과 편안함을 기본으로 하는 배열법으로 내담자의 상황과 상담사의 기호에 따라 여러 의미로 응용이 가능합니다. 예를 들면 본연의 모습, 남들이 바라보는 내 모습, 앞으로 내가 잘살아가기 위해 추구할 모습 등의 3가지로 나누어 리딩을 하거나 자신이 생각하는 자신이 타인을 대하는 모습, 사람들이 실제로 나를 대하는 모습, 타인과의 관계에서 자신이 바라는 모습 등으로 나눌 수도 있습니다. 이때는 단어와 캐릭터가 제시된 다양한 종류의 카드를 사용하는 것도 풍부한 리딩에 도움이 됩니다. 【6-⑩ 오라클 카드】

여기서는 3장을 사용하는 배열법의 가장 기본적인 방법 4가지를 소개합니다.

첫 번째 배열법인(①-①) '원인, 결과, 예측'이나 두 번째 배열법(①-②) '과거, 현재, 미래' 등의 분류 방법은 꼭 타로가 아니어도 일상에서 익숙하게 접할 수 있는 형태이므로 타로가 생소한 내담자들에게 사용하기 좋습니다. 또한, 똑같이 3장을 고르는 구조라 해도 라포가 형성되어 내담자와 상담사의 관계가 매우 친근하거나 혹은 내담자가 표현력과 생각이 풍부하다면 카드가 현재 상황을 나타낸다고만 말한 후 내담자 스스로 3장의 의미를 부여하고 의미를 찾도록 내버려 두는 3번째 방법(①-③)이 적당합니다.

3장 고르기의 마지막 방법(①-④)은 세 번째 방법을 조금 더 구체화한 모습입니다. 현재 내담자의 상황을 각기 다른 면 : 금전적인 상황, 대인관계 상황, 직업(학업)적인 상황으로 나누어서 의미를 부여합니다.

'② 6장 고르기 방법'의 첫 번째는 앞서 소개한 3장 고르기 방법들의 확장판과 같습니다. 지금의 모습이나 원인을 현재 모습과 바라는 모습으로 세분화하였고 힘든 부분을 장애물로 표현하여 구체화하였으며 앞으로 흘러갈 모습도 가까운 미래와 먼 미래로 나누었습니다.

징검다리 형태의 '③ 6장 고르기'나 본인 이외의 상대방을 추가한 '④ 9장 고르기의 형태'는 더 세분화 가능하도록 응용되고 변형된 형태로서 자칫하면 상담사가 혼란스럽거나 헷갈릴 수 있으므로 앞선 기본 방식을 완전히 숙지하신 후 시도하시기 바랍니다.

내담자에게 카드를 고르게 하면서 상담사가 건네는 말은 '자, 이제 카드를 한번 골라보겠습니다' 정도입니다. 대부분 카드를 잘 섞어서 촥 늘어놓으며 말하게 됩니다. 【6-ⓓ 셔플 & 스프레드 매트 & 시작 멘트】

본격적인 카드 고르기 과정은 두 부분(Ⅰ, Ⅱ)으로 나누어집니다. 'Ⅰ' 파트는 내담자가 상담사의 지시대로 카드를 고르는 부분이며 'Ⅱ' 파트는 골라진 카드가 어떤 의미인지 상담사가 다시 한 번 반복해서 알려주는 부분입니다. 카드가 많거나 내담자가 카드의 의미를 혼동할 경우를 대비하여 카드를 고른 후 카드들이 어떤 의미인지 연관성을 되짚어줄 수도 있습니다. 【6-ⓔ 카드의 연관된 의미 설명 반복】

반원 또는 부채꼴이나 일직선 모양으로 늘어진 카드 중에서 각 배열법에 따라 어떤 카드를 고를 것인지 상담사가 내담자에게 건네는 말은 다음과 같습니다.

①-① 3장 고르기 : 원인-결과-예측(결과로 인한 영향)

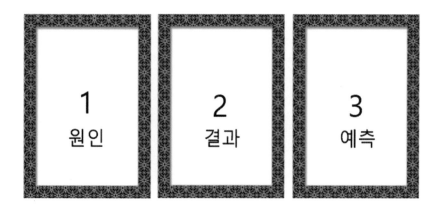

1	2	3
원인	결과	예측

Ⅰ.

원인과 결과와 앞으로의 예측을 한번 보겠습니다.

지금 말씀하신 일에 대한 원인 1장을 뽑아보시겠어요?

두 번째는 그 일로 인한 결과입니다. 1장을 골라주세요.

마지막으로 앞으로 어떻게 될지 1장 고르시면 됩니다.

Ⅱ.

[1] (첫 번째 카드를 가리키거나 또는 손가락으로 짚는다.)

　　원래 있던 모습입니다. 원인이라고 할 수도 있겠죠.

[2] (두 번째 카드를 가리키거나 또는 손가락으로 짚는다.)

　　그로 인해 생겨난 문제입니다. 결과라고도 할 수 있죠.

[3] (세 번째 카드를 가리키거나 또는 손가락으로 짚는다.)

　　앞으로 이런 쪽으로 흘러가겠네요. 앞으로의 예측입니다.

①-② 3장 고르기 : 과거-현재-미래

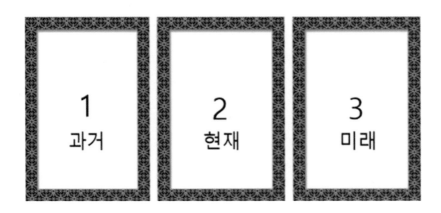

Ⅰ.

과거와 현재와 미래를 한번 보겠습니다.

예전엔 이랬어 하고 생각하시며 1장을 골라주세요.

지금은 이렇지 하고 생각하시면서 1장을 골라주세요.

앞으로 이렇게 될 거야 생각하시면서 1장을 골라주세요.

Ⅱ.

[1] (첫 번째 카드를 가리키거나 또는 손가락으로 짚는다.)

　　과거에 일어난 일을 말해주고 있습니다.

[2] (두 번째 카드를 가리키거나 또는 손가락으로 짚는다.)

　　당신의 현재 상황입니다.

[3] (세 번째 카드를 가리키거나 또는 손가락으로 짚는다.)

　　미래입니다. 앞으로 이렇게 진행되어 갈 수 있어요.

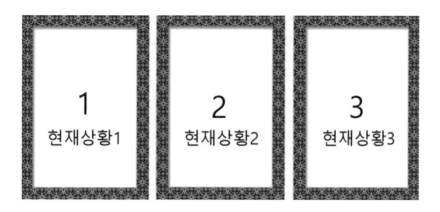

Ⅰ.

지금 현재 상황을 카드들로 들여다보도록 하겠습니다.

나는 지금 이렇다고 생각하면서 3장을 골라보세요.

Ⅱ.

[1] (첫 번째 카드를 가리키거나 또는 손가락으로 짚는다.)

　　지금 처해있는 현실의 모습이네요.

[2] (두 번째 카드를 가리키거나 또는 손가락으로 짚는다.)

　　이런 모습도 있고

[3] (세 번째 카드를 가리키거나 또는 손가락으로 짚는다.)

　　이런 모습도 있습니다.

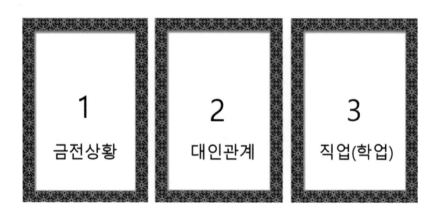

Ⅰ.

현재의 모습을 금전적인 상황, 대인관계에서의 모습, 그리고 직업(학업)적인 면으로 나눠서 보겠습니다.

지금 나의 경제 상황, 금전적인 상황이 이렇다고 생각하며 1장을 골라주세요.

지금 사람들과 나의 관계는 이렇다고 생각하면서 1장을 골라주세요.

요즘 내 공부하는 상태(일하는 상태)는 이렇다고 생각하면서 마지막 1장을 고르시면 됩니다.

Ⅱ.

[1] (첫 번째 카드를 가리키거나 또는 손가락으로 짚는다.)

당신의 금전적인 현실은 이런 모습이고

[2] (두 번째 카드를 가리키거나 또는 손가락으로 짚는다.)

대인관계는 이렇게 되어가고 있고

[3] (세 번째 카드를 가리키거나 또는 손가락으로 짚는다.)

직업(학업)적으로는 이렇게 볼 수 있습니다.

② 6장 고르기 : 장애물과 해결방안

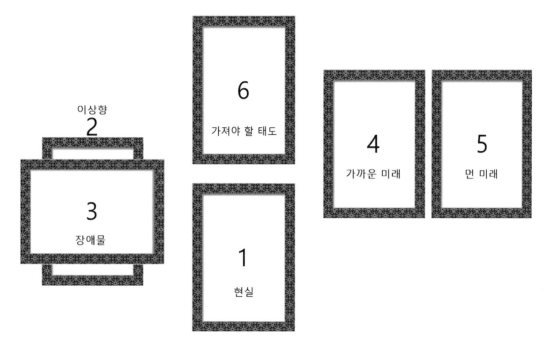

1: 지금 처한 현실, 2: 내가 원하는 이상향, 3: 이상향을 방해하고 있는 장애물, 4: 앞으로 어디로 흘러갈 것인가 - 가까운 미래,
5: 계속해서 흘러갈 방향 - 먼 미래, 6: 가능성을 극대화하기 위해 가져야 할 태도

Ⅰ.

지금 현재 가지고 있는 문제에서 가장 힘든 부분이 어떤 건지 또 어떻게 해결하면 좋을지를
보도록 하겠습니다. 총 6장의 카드를 고르게 되실 거예요.

우선 지금 내가 이런 상황이야. 생각하시면서 1장을 골라주세요.

지금의 내가 원하는 모습을 1장 골라볼게요. 이렇게 되면 좋겠어 생각하면서 1장을 골라주세
요.

이 상황에서 가장 힘든 점. 걸림돌 또는 장애물이라고 할 수 있겠죠. 내가 이것 때문에 힘든
거야 생각하시면서 1장을 골라주세요.

(장애물 카드는 두 번째 고른 카드 위에 + 모양으로 겹쳐서 놓는다)

그럼 앞으로 어떻게 될지도 한번 볼게요. 1달 이내에 생겨날 모습의 카드를 골라주세요. 가까
운 미래라고 할 수 있겠죠.

한 3개월, 길게는 6개월 동안 어떤 방향으로 흘러나갈지 1장을 골라볼게요. 나름 먼 미래라고 할 수 있겠죠.

자, 그럼 이 모든 것이 지금의 상황이라고 할 때 어떻게 하면 힘든 점을 극복하고 가장 올바르게 행동할 수 있는지 카드로 들여다볼게요. 난 이렇게 하면 되는 거야 하고 속으로 생각하시면서 1장을 골라보세요.

II.

[1] (첫 번째 카드를 가리키거나 또는 손가락으로 짚는다.)

　　지금 처해있는 현실의 모습이네요.

[2] (두 번째 카드를 가리키거나 또는 손가락으로 짚는다.)

　　내가 이루고 싶은 모습이고

[3] (세 번째 카드를 가리키거나 또는 손가락으로 짚는다. 3번째 카드는 2번째 카드 위에 +모양으로 놓여있다.)

　　이렇게 못 가고 있는 이유는 이것 때문이죠.

[4] (네 번째 카드를 가리키거나 또는 손가락으로 짚는다.)

　　앞으로 이렇게 시작되어서

[5] (다섯 번째 카드를 가리키거나 또는 손가락으로 짚는다.)

　　이런 식으로 진행되어 갈 거예요.

[6] (여섯 번째 카드를 가리키거나 또는 손가락으로 짚는다.)

　　그리고 이 속에서 어떻게 하면 가장 잘할 수 있을지 이 카드가 말해줄 겁니다.

③ 6장 고르기(징검다리 배열)

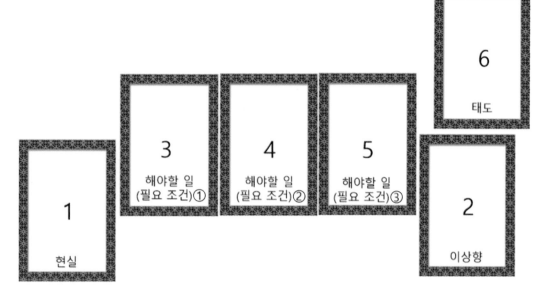

1: 지금 처한 현실, 2: 내가 원하는 이상향, 3: 이상향을 위해 해야할 일(필요조건)①, 4: 이상향을 위해 해야할 일(필요조건)②,
5: 이상향을 위해 해야할 일(필요조건)③ , 6: ①, ②, ③의 조건을 이루기 위해 가져야 할 태도

Ⅰ.

지금 이루고 싶은 일을 가능하게 하기 위해 필요한 조건이 어떤 게 있는지 한번 골라볼까요.

Ⅱ.

[1] (가장 왼쪽의 첫 번째 카드를 가리키거나 또는 손가락으로 짚는다.)

지금 현재 당신의 모습입니다.

[2] (가장 오른쪽의 아래 카드를 가리키거나 또는 손가락으로 짚는다.)

원하는 미래의 모습입니다. 목표라고 할 수 있겠죠.

[3] (왼쪽에서 두 번째 카드를 가리키거나 또는 손가락으로 짚는다.)

1에서 2로 가기 위한 첫 번째 조건입니다.

[4] (왼쪽에서 세 번째 카드를 가리키거나 또는 손가락으로 짚는다.)

1에서 2로 가기 위한 두 번째 조건입니다.

[5] (왼쪽에서 네 번째 카드를 가리키거나 또는 손가락으로 짚는다.)

　　1에서 2로 가기 위한 세 번째 조건입니다.

[6] (가장 오른쪽의 위에 놓인 카드를 가리키거나 또는 손가락으로 짚는다.)

　　목표를 이루기 위해서 가져야 할 태도입니다.

④ 9장 고르기(특정 인물과의 관계 배열)

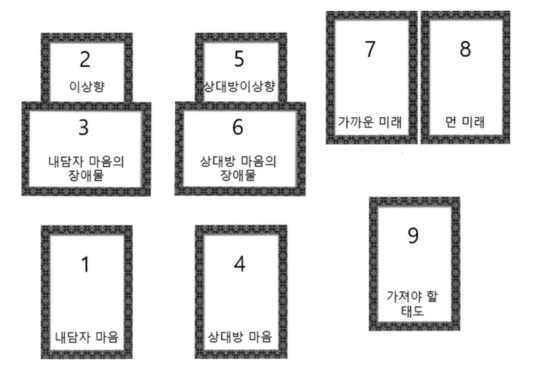

1: 지금 내 마음, 2: 내가 원하는 관계의 모습, 3: 내 마음의 걸림돌, 4: 상대방 마음, 5: 상대방이 원하는 관계의 모습,
6: 상대방 마음의 걸림돌, 7: 가까운 미래, 8: 먼 미래, 9: 이상향을 이루기 위해 가져야 할 태도

Ⅰ.

우선 내 마음부터 알아볼게요. 그 사람을 생각하는 내 마음이 이렇다고 생각하면서 카드를 1
장 골라주세요.

나는 이렇게 하고 싶어. 우리 사이가 이렇게 되면 좋겠어라고 생각하면서 카드를 1장 골라주
세요.

그런데 이것 때문에 너무 힘들어 생각하면서 카드를 1장 골라주세요.

이번에는 상대방 마음을 볼게요. 상대방 카드를 뽑을 때는 마음을 집중해서 그 사람을 생각
하며 카드를 골라주세요.

상대방의 마음속의 나는 이런 모습이야 생각하시면서 카드를 1장 골라주세요.

그 사람이 원하는 건 이거야 생각하시면서 카드를 1장 골라주세요.

그 사람이 힘들어하는 것 이것 때문이야 생각하시면서 카드를 1장 골라주세요.

이번에는 두 분의 사이가 앞으로 어떻게 될지 카드를 2장 골라볼게요. 이런 모습으로 시작되어서 이렇게 흘러갈 거야 생각하시면서 각각 1장씩 골라주세요. 가까운 미래와 멀리 흘러갈 미래라고 볼 수 있겠죠.

그리고 마지막으로 이 전체 관계 속에서 어떻게 하면 내가 가장 좋은 결과를 얻을 수 있을지 내가 원하는 바를 이룰 수 있을지 내가 가져야 할 태도를 1장 골라볼게요.

II.

[1] (첫 번째 카드를 가리키거나 또는 손가락으로 짚는다.)

　　지금 내 마음입니다.

[2] (네 번째 카드를 가리키거나 또는 손가락으로 짚는다.)

　　나를 보는 상대방의 마음이네요.

[3] (두 번째 카드를 가리키거나 또는 손가락으로 짚는다.)

　　이 관계 속에서 내가 원하는 모습입니다.

[4] (다섯 번째 카드를 가리키거나 또는 손가락으로 짚는다.)

　　이 관계 속에서 상대방이 원하는 모습입니다.

[5] (세 번째 카드를 가리키거나 또는 손가락으로 짚는다.)

　　내가 제일 힘들어하는 부분입니다.

[6] (여섯 번째 카드를 가리키거나 또는 손가락으로 짚는다.)

　　상대방이 제일 힘들어하는 부분입니다.

[7] (일곱 번째 카드를 가리키거나 또는 손가락으로 짚는다.)

　　이 관계는 앞으로 이렇게 시작되어서

[8] (여덟 번째 카드를 가리키거나 또는 손가락으로 짚는다.)

　　이런 식으로 흘러가게 될 수 있겠네요.

[9] (아홉 번째 카드를 가리키거나 또는 손가락으로 짚는다.)

　　이 관계 속에서 가장 좋은 결과를 위해 스스로 가져야 하는 태도를 말합니다.

타로 카드를 배열하고 읽는 방법은 매우 다양하고 무궁무진하게 개발이 가능합니다. 타로 리딩 경험이 쌓임에 따라 개인 취향에 따라 선호하는 배열법을 갖게 됩니다. 여러 가지를 응용해 보며 내게 맞는 것을 찾되 타로 상담에 활용되는 배열법은 단순하고 간단한 것으로 고릅니다. 지나치게 복잡하거나 카드가 많으면 내담자가 카드의 이미지와 키워드에 집중하느라 본인의 내면에 집중하지 못할 수도 있기 때문입니다.

처음에는 기본적인 배열법을 익혀서 사용하고 지속해서 리딩 경험을 쌓아 본인이 좋아하는 배열법을 발견하고 개발하는 것을 궁극적인 목표로 두시면 좋겠습니다.

(2) 카드에 담긴 이야기 나누기 & 해석하기(Storytelling & Explanation)

카드를 골라서 적당히 배열한 뒤에는 똑같은 뒷면을 보이고 있는 카드들을 하나씩 뒤집으며 이미지를 보고 거기에 담긴 상징과 의미를 내담자에게 전달하게 됩니다.

의미를 전달하는 과정은 두 단계를 거치게 되는데 카드에 담긴 객관적인 이야기를 들려주는 부분(Storytelling)과 현재의 내담자가 제시한 주호소에 맞는 해석(Explanation) 부분입니다. 이와 관련해서는 2장에 소개된 내용을 숙지하신 후 6장의 실제 타로 상담이 이루어지는 축어록을 참고하실 것을 권합니다.

상담사는 잔잔하고 담담한 어조로 카드에 나온 상징과 의미를 들려주도록 온 마음을 집중합니다. 이때 롤 모델로 삼을만한 모습은 아이에게 동화책을 읽어주는 다정한 이야기꾼(Storyteller)입니다. 아이들이 재미있는 이야기를 읽어주는 양육자나 선생님에게 어떤 정도의 친밀감과 호감을 느끼는지를 생각해 보시면 이해가 빠를 것입니다.

내담자는 상담사가 들려주는 이야기 속에서 자기 생각이나 느낌과 일치하는 부분을 느끼고 저도 모르게 동조하며 내면에 가려져 있던 자신을 만나게 됩니다.

이때 내담자 중에는 물개 박수를 치며 격하게 반응하거나 진심으로 놀라는 모습을 보이는 이들도 있습니다. 예를 들면 '맞아요'를 연발하거나 어쩌면 이렇게 딱 맞는 말을 하느냐며 감탄하는 모습 등입니다. 이런 모습을 보면 가끔 덩달아 마음이 들뜨는 상담사들이 있습니다. 이런 순간은 주의해서 잘 넘겨야 합니다. 내담자의 격한 반응은 방어가 허물어지는 데에 대한 무의식적인 또 다른 방어이기도 합니다. 이를 간파하지 못하고 상담사가 우월감에 취하거나 혹 그런 칭송(?)이 낯설고 부끄러워 순전히 상담사의 마음대로 분위기를 반전시키거나(우스운 이야기를 하거나 차갑게 화제를 돌리는 것으로) 전체 분위기의 중점을 내담자에게서 상담사에게로 가지고 오거나 하는 것은 진심으로 경계하고 주의해야 합니다. 내담자의 활발하고 격한 반응을 마주하게 되면 엷게 한번 미소 짓고 하던 대로 담담하게 마저 가는 것이 가장 올바른 대응입니다. 【6-⑦ 상담자의 평정심】

(3) 피드백 및 소감 나눔(Sharing)

내담자가 카드의 의미와 상징의 힘을 통해 내면의 자신을 만나는 경험을 한 후에는 이 여정을 함께 했던 상담사와의 관계를 정리하는 마지막 단계를 거치게 됩니다.

상담사는 내담자에게 '가장 기억에 남는 카드는 어떤 게 있는가?'를 반드시 질문하도록 합니다. 내담자들은 가장 강렬한 느낌을 주었던 카드를 이야기하며 느낌을 정리하기도 하고 카드가 펼쳐진 전체 모습이나 특정 카드의 이미지를 사진으로 찍어 남기기도 합니다. 【6-⑧ 필수 질문 : 기억에 남는 카드】

상담사는 내담자가 말하는 카드의 의미를 다시 한 번 상기시키고 짚어주며 내담자가 체험한 강렬한 느낌에 대해 공감해주고 그러한 노력에 대해 격려하고 응원하는 메시지를 전달하는 것이 좋습니다.

2장에서 소개하는 Major 카드 22장과 Minor 카드 56장에 관련된 내용은 타로를 사용하고자 하는 사람이라

면 기본적으로 알고 있어야 하는 매우 필수적인 내용입니다. 우스갯소리로 곤히 잠들어 있는 상담사를 갑자

기 흔들어 깨워서 카드의 의미를 질문해도 어떤 의미인지 바로 설명할 수 있을 정도가 되어야 합니다.

이런 정도로 완벽하게 숙지하기 위해서는 여러 번 읽고 문장을 기억하는 단순 암기법은 큰 효과가 없습니다.

가장 좋은 방법은 계속해서 카드 리딩을 연습하는 것입니다. 다른 사람의 카드를 읽는 것이 부담스럽다면 스

스로 내담자가 되어 자신이 겪어온 일을 카드로 읽어보도록 합니다. 이때 2장에 소개된 각각의 카드의 설명

부분을 펼쳐놓고 1인 2역을 해가며 소리 내어 읽어가면서 리딩 연습하는 것을 추천합니다.

2장

타로 리딩
키워드와 화법

일반적인 타로 카드는 78장으로 된 구성을 기본으로 합니다. 많은 상징과 함축적 의미를 담고 있어 은유적인 메시지를 전달하는 데 유용한 메이저 카드가 22장이 있으며 이에 비해 분명한 의미와 직설적인 메시지를 담은 마이너 카드가 56장이 있습니다.

메이저 카드는 22장 모두 특별한 인물을 중심으로 그려져 있으며 처음부터 끝까지 하나로 연결되는 이야기를 써낼 수 있을 정도로 카드 간의 상징과 상관관계가 명료합니다.

예를 들면 유니버셜 웨이트 타로의 10번 카드 The Wheel of Fortune에는 각 모서리에 4개의 상징인 소, 사자, 독수리, 사람이 그려져 있습니다. 이 상징들은 21번 카드 The World의 각 모서리에도 그대로 등장합니다. 차이점이 있다면 10번 카드에는 모두 열심히 책을 보는 모습이고 21번 카드에는 가운데에 등장한 인물을 주시하는 모습입니다. 또한, 13번 카드 Death의 오른쪽 멀리에 그려진 두 개의 탑은 16번 카드 The Tower와 18번 카드 The Moon에도 등장합니다.

메이저 카드를 제외한 마이너 카드는 4개의 상징(Suit)인 지팡이와 검, 컵, 동전을 나타내는 카드입니다. 1부터 10까지 번호가 매겨진 카드 외에 사람이 그려진 4장의 카드가 더해져 총 14장이며 각 상징 별로 똑같은 수가 존재하므로 총 56장이 됩니다.

숫자가 새겨진 10장의 카드에도 인물들이 그려져 있기는 하지만 나머지 4장의 카드에는 특별히 어린 소년(소녀)을 나타내는 시종(Page), 청년을 말하는 기사(Knight), 왕(King), 여왕(Queen)이 그려져 있습니다. 귀족 신분이 확실하게 드러나기 때문에 이 4장을 궁정(Court) 카드라고 부르기도 합니다.

타로 카드를 접하면 이런 인물이나 인물들이 가진 상징물에 대한 표현을 비롯하여 몇몇 헷갈리는 면들이 있습니다. 특히 타로 카드의 번호를 매기는 데 있어 드물게 예외가 존재하는 경우가 있습니다. 타로 상담사로 활동하기 위해서는 이런 특징을 잘 이해하고 자신이 선택한 타로 카드에 있어 기본적인 특성과 차이점을 미리 파악해 두어야 합니다.

타로 카드를 처음 접한 이들이 혼란스러워하는 부분을 몇 가지 정리하면 다음과 같습니다.

① 카드에 쓰인 번호와 순서의 차이: 대부분의 메이저 카드는 1번이 아니라 0번으로 시작해서 21번으로

끝나므로 총 카드는 22장이지만 번호는 0번으로 시작해서 21번으로 끝나게 됩니다. 메이저 카드의 가장 마지막에 오는 The World는 번호는 21번, 메이저의 22번째 카드입니다.

② 번호의 미표기: 카드에 0번과 같은 숫자를 아예 표기하지 않는 경우가 있습니다.

③ 카드의 순서가 바뀐 경우: 대부분의 타로에서는 메이저 8번이 The Power, 11번이 The Justice로 되어 있는데 이 둘의 번호가 바뀌어 사용되고 있는 경우가 종종 있습니다(마르세유 타로를 보면 11번이 The Power 8번이 The Justice로 사용되고 있습니다).

④ 명칭이 바뀌는 경우: 심판을 나타내는 20번 The Judgement 카드를 업보라는 뜻인 The Karma로 바꾸거나, 0번 바보 The Fool 카드를 광대를 나타내는 Clown으로, 여황제를 나타내는 3번 The Empress 카드를 할머니인 Grand Mother 등으로 나타내는 카드들이 있습니다.

⑤ 상징물이 바뀌는 경우: 기본적인 타로는 지팡이와 검, 컵, 동전을 상징물로 사용하지만, 타로의 개성에 맞게 대체하는 경우가 있습니다. 예를 들어 지팡이를 나뭇가지나 곤봉 또는 횃불로, 검을 창이나 무기로, 컵을 술잔, 물병이나 항아리로, 동전을 보석으로 표현하기도 합니다.

 # 2. 카드의 투사(Projection) 기능

내담자들은 상담사가 적절하게 섞어서 펼쳐놓은 카드들 중에서 마음이 끌리는 대로 몇 장을 고르게 됩니다. 어떤 경우든 카드를 고르는 사람과 전혀 상관없는 카드가 나오는 경우는 없습니다. 해석을 교묘하게 잘 꼬아 어떻게든 관련을 짓는 거라고 냉소 어린 시선으로 바라볼 수도 있겠고 신기(神奇)라고 부르거나 영감(靈感)이라고 여길 수도 있겠지만 좀 더 명확하게 보자면 심리학에서 말하는 투사(Projection)라고 할 수 있습니다.

타로 상담사가 되려 한다면 인간이 가지고 있는 방어기제의 본능적인 사용을 이해하고 원초적으로 가지고 있는 내면의 깊은 힘을 신뢰하실 필요가 있습니다. 뭔가에 대해 간절히 알고 싶은 마음과 새로운 것을 탐구하는 호기심은 인간을 본능이 지배하는 미개한 수준에서 지금 여기이 순간까지 데려다 놓은 고귀한 에너지입니다. 그런 인간의 깊고 신비로운 특성은 타로 카드를 고르는 순간에도 발현됩니다. 상담사가 보기에 다소 엉뚱한 카드가 나왔다는 생각이 들어도 내담자에게 그 의미를 충실히 전달하고 어떤 느낌이 드는지 함께 탐색하는 자세가 필요합니다.

실제로 왜 이런 카드가 나왔을까 싶을 정도로 전혀 상관이 없어 보이는 카드일수록 내담자의 숨겨진 이야기를 끌어내기에는 더 효과적인 경우가 많았습니다. 골라진 카드에 대해 의심하고 반신반의하는 모습을 보이는 것은 내담자의 내면 탐색에 역효과일 수 있으므로 상담사의 주관을 최대한 배제하는 마음이 필요합니다.

 # 3. 카드 리딩 화법

타로 리딩에 있어서의 화법(話法)은 키워드(Keyword), 이야기(Storytelling), 해석(Explanation)으로 나뉘어 있습니다. 카드를 골라서 이미지가 드러나면 먼저 키워드(Keyword)를 제시하고 그림을 보며 이야기(Storytelling)를 들려준 후 전체를 해석하거나 혹은 배열된 상황 내의 그 카드의 역할에 맞게 의미를 해석(Explanation)합니다. 이때 내담자에게 이러한 의미가 있으니 이렇게 하라는 지시적인 화법을 쓰는 것은 지양하고 어떻게 느껴지는가 어떤 생각이 드는가를 수시로 질문하도록 합니다.

다음에 오는 내용들은 각 카드에 맞게 사용할 수 있는 실제 상담에 사용되는 화법을 구어체로 적어 놓은 것입니다. 카드가 각각 장애물과 해결책, 미래의 위치에 나왔을 때 어떤 식으로 메시지를 전달할지의 예시입니다. 달달 외워서 모든 내용을 다 전달할 필요는 없지만 이런 의미를 전달하는구나 충분히 이해하실 필요가 있습니다. 타로 상담 시 활용할 실제 대본(Script)이라고 생각하시고 여러 번 소리 내 읽고 숙지하시기 바랍니다.

배열된 카드가 장애물로 골라진 카드일 경우 부정적인 면을 부각하고 해결책으로 골라진 경우 긍정적인 면과 행동적인 면에 좀 더 치중합니다. 어떤 면을 어떤 식으로 부각할지 잘 선택하기 위해서는 상담사가 카드를 완전히 이해하고 있어야 하고 상황에 맞게 선택하는 센스도 필요합니다.

Major 카드와 Minor 카드는 상징과 메시지가 담겨있다는 공통점이 있지만 Major 카드는 주로 은유적이고 광범위한 반면 Minor 카드는 직접적이고 한정적이라는 차이를 가지고 있습니다. 비유해보자면 22장의 Major 카드는 '숲'이며 56장의 Minor 카드는 숲을 구성하는 '실제 구성 요소'라고 하겠습니다.

'겨울의 숲'을 떠올려 봅니다. 사람마다 각자가 가진 역동대로 여러 가지 다양한 심상(心想)이 떠오를 것입니다. 강추위가 떠오를 수도 있고 또는 흰 눈이 덮인 로맨틱한 크리스마스 풍경이나 강한 추위에 식물들이 모두 얼어버린 황량한 풍경이 떠오를 수도 있습니다. Major 카드가 가진 은유적이고 광범위하며 다소 추상적인 특징이 이와 같습니다.

Minor 카드는 이와 달리 겨울의 숲을 구성한 디테일한 부분에 해당합니다. 겨울의 숲에는 추운 날씨에 맞는 침엽수나 호랑가시나무가 자라고 눈토끼나 순록이 뛰어다니기도 하며 한켠에는 얼어붙은 강이 존재할 수 있습니다. 나무는 눈을 맞고 고요히 서 있는데 반해 눈토끼나 순록은 그 속에서 살아 움직이는 존재이며 강은 얼어붙었지만 봄이 되면 다시 흐르게 됩니다. Minor 카드가 가지고 있는 한정적이지만 직설적인 면이 이와 같습니다.

실제로 자아가 강하고 주장이 확실하며 에너지 수준이 높은 내담자의 경우 골라내는 카드 중 Major 카드의 비중이 높은 경향이 있으며 세심하고 디테일하며 분석적인 성향이 강한 내담자일수록 Minor 카드를 골라내는 비중이 높은 경향이 있습니다.

타로 리딩을 하며 이러한 내담자의 특성을 발견해가는 것도 상담사에게는 작은 기쁨과 재미이며 선물과도 같은 성장의 기회라고 할 수 있겠습니다.

Major 22 Cards와
Minor 56 Cards

마이너 카드는 직접적이고 명확한 메시지를 전하는 반면 메이저 카드는 상징이 풍부하여 각 인물과 상황에 따른 은유적인 비유가 많습니다. 충분히 이해하여 내담자의 주호소에 맞게 골라 내어 적절히 제시하는 것이 중요합니다.

♦ 0번 : 바보(The Fool)

Keywords

여행자, 로맨티스트, 현실 감각은 0점, 새로 시작하는 사람, 기존에 있던 세상을 벗어나 다른 곳으로 향하는 사람, 가지고 있던 것을 모두 내려놓은 홀가분함, 미지의 세상으로 가는 두려움, 세상 물정을 모르는 순진함.

Storytelling

새로 시작하는 사람이 있네요. 이 사람은 바보라고 불립니다. 원래 가지고 있던 걸 다 놓고 떠나고 있기 때문이죠. 옷차림을 보면 귀한 집 출신인 걸 알 수 있어요. 세상 물정을 잘 모르기에 지금 자기가 어디로 가서 어떤 고난을 겪을지 모르고 있어요. 손에는 꽃을 들고 밝은 하늘을 보며 감격하고 있네요. 정신 차려, 위험해! 경고하는 하얀 짐승이 발 옆에 있어요. 그런데 누가 뭐라든 듣고 있지 않네요. 절벽 앞에 서서 위험할 수도 있지만, 경치는 끝내줍니다. 발길을 돌려 안전하게 길을 갈지 이 분위기에 취해 절벽으로 미끄러져 곤두박질칠지는 아직 몰라요.

Explanation

설레는 마음이네요. 불안하고 서투르지만 새로 시작하는 마음이기도 하고요. 기존에 가지고 있던 것에서 벗어나는 또는 벗어나고 싶은 욕구를 말하고 있기도 해요. 편안하지만 권태롭고 지긋지긋하게 속박당하던, 또는 둘러싸고 있던 현실로부터의 벗어남, 탈출일 수 있겠네요.

장애물(부정적 의미로 해석될 경우)일 때
- 순진하고 미성숙한 상태에서 아무것도 모르고 덤벼든다.
- 지나치게 낙천적이고 구체적인 대책 없이 무모하게 행동한다.

해결책일 때
- 스스로에 대한 자신감과 자유로운 영혼의 힘을 믿고 행동한다.
- 거리낄 것 없고 순수한 마음에서 나오는 힘은 한계가 없다.

미래일 때
- 여지껏 속해있던 안락함을 떠나 다소 서툴더라도 모든 것을 새로 시작한다.
- 자유롭고 낙천적인 마음으로 매사에 순수하게 임하게 된다.

✦ 1번 : 마법사(The Magician)

Keywords

창작, 상상력, 손재주, 능력자, 다재다능한 인재, 연예인, 시선을 끄는 사람, 영업사원, 거만하고 잘난 척하는 인물.

Storytelling

뭐든지 잘하는 팔방미인이 나왔네요. 외모면 외모, 돈이면 돈 뭐하나 빠질 데가 없어요. 사람들의 시선을 한몸에 받으며 환하게 빛나는 존재입니다. 머리 위에는 무한한 잠재력을 뜻하는 뫼비우스의 고리가 떠 있습니다(타로 카드 78장 중에서 무한대의 고리가 나오는 카드는 1번 마법사 카드와 8번 힘 카드 그리고 마이너 카드 중 2번 동전 카드로 단 세 장뿐입니다). 타로에서 나오는 네 개의 상징인 검과 지팡이, 컵과 동전이 모두 등장하는 유일한 카드랍니다.

중세 시대에 그려진 그림이라는 점을 볼 때 연금술사를 나타낸다고 볼 수도 있어요. 최고의 능력자죠. 가장 위대한 물질이었던 황금을 만들어내는 사람입니다. 재료들을 가져다 놓고 오른손을 높이 들고 빛나는 막대기를 들고 있는 것은 성공의 의미로 볼 수 있어요. 무에서 유를 만들어내는 새로운 것을 창조해내는 사람입니다. 거만하고 잘난 체하는 면이 당연히 있겠죠. 잘난 사람이 잘난척하면 기분이 나쁠 수는 있지만 다들 맞는 말이라고 수긍할 거예요. 주변 사람들과 사이가 마냥 좋지만은 않겠네요.

Explanation

능력자입니다. 재주가 많고 할 줄 아는 것도 많은 천재성을 가진 사람이겠네요. 연예인 기질이 있을 수도 있고 회사나 학교에서 인정받는 인재일 수 있습니다.

다재다능해서 자의식도 높고 자신감도 있지만 시기와 질투의 대상이 될 수 있겠네요. 너무 잘난 덕분에 대인관계가 매끄럽지 않을 수가 있어서 조심해야 합니다. 많은 것을 할 줄 아는 건 좋은데 다 너무 잘해서 딱히 특출나게 잘하는 것이 없어 보일 수도 있습니다. 한계를 모르고 치솟다가 무너질 위험성도 있어요. 자신의 한계를 수시로 점검하면서 넘쳐나는 자신의 에너지를 잘 이해할 필요가 있고 너무 자신을 내세우지 않도록 자중하는 면도 갖출 필요가 있겠네요.

장애물(부정적 의미로 해석될 경우)일 때
- 지나치게 능력이 출중하면 거만해질 수 있다.
- 전부 다 잘하면 그중 하나를 선택하는 것이 어려울 수 있다.
- 주변의 시샘과 질투의 대상이 되고 있는데 본인의 능력에 심취한 탓에 깨닫지 못하고 있다.

해결책일 때
- 능력이 출중한 자신을 명확하고 객관적으로 본다.
- 다재다능한 능력을 마음껏 뽐내고 세상에 드러낸다.
- 무에서 유를 창조하는 원동력은 자신의 능력임을 믿고 확신한다.

미래일 때
- 새로운 기회를 만들어내고 성공 가도를 달린다.
- 여태까지 해온 것들이 집대성되어 새로운 가치를 만들어낸다.
- 노력한 만큼 세상에 이름을 떨칠 기회가 온다.

✦ 2번 : 여사제(The High Priestess)

Keywords

냉철한 판단력의 지성인, 팩트를 중시하는 반(反)권위적 인물, 원리원칙을 따르며 직관적 초인적인 수준의 현자, 흑과 백의 갈등을 중재하는 능력이 있는 사람, 지적이지만 물리적으로도 힘을 갖춘 사람(잔 다르크), 순결하며 속세에 물들지 않은 순수한 지성, 자신을 함부로 드러낼 수 없는 사람.

Storytelling

여사제가 나왔네요. 여자 교황이라고 합니다. 그런데 중세 시대에는 여자가 교황이 될 수 없었어요. 굉장히 이상적이고 상징적인 인물이죠. 감정은 없고 실제적인 것에 충실한 사람입니다. 손에는 토라(Torah)를 들고 있네요. 유대인들의 율법을 토라(Torah)라고 합니다. 뒤에 그려진 석류도 지식의 풍부함을 말해주고 있어요. 여러모로 굉장히 똑똑하고 현명한 사람이라는 걸 알 수 있겠죠.

검은 기둥과 하얀 기둥에 새겨진 B와 J는 보아즈(Boaz)와 야긴(Jakin)을 말합니다. 두 기둥은 솔로몬 왕의 궁전에 있다고 해요. 검은 기둥의 보아즈는 어둠, 수동적인 기질, 신비로움, 비밀스러운 일을 말하고 흰 기둥의 야킨은 밝음, 능동적인 기질, 적극적으로 드러나는 일을 말합니다. 기둥 사이에 여사제가 앉아있는 것은 극단의 갈등을 모두 중재할 수 있는 능력이 있음을 말해요.

여사제의 발 옆에 있는 초승달도 여러 가지 의미가 있어요. 우선 초승달은 스스로 빛을 내지 못하고 태양이 있어야만 빛날 수 있죠. 아무리 능력이 있는 위대한 존재라고 해도 자신을 드러낼 수 없었던 갈등을 말하고 있습니다. 이건 여사제가 온몸을 하얀 베일로 가리고 있는 것과도 통하는 의미랍니다. 자신을 드러내기 힘든 사람인 거죠.

역사적으로 자기가 여자임을 숨기고 교황이 되었던 잔느라는 인물이 있었다고 해요. 카드 속의 여사제를 잔느와 같은 인물이라고 보기도 하고요. 간혹 잔 다르크로 보는 면도 있습니다. 초승달 모양의 상징을 무기로 보기도 하거든요. 아주 옛날에 사용하던 무기로 '시미타(Scimitar)'라는 큰 칼이 있어요. 신월도(新月刀) 또는 몽골 샴쉬르(Samshir)라고도 부르는 초승달처럼 휘어진 모양의 무기랍니다. 사자의 꼬리라는 뜻을 가지고 있는 걸 보면 일반인들이 사용하는 평범한 무기가 아니었던 걸 알 수 있죠. 왕족이나 고위 귀족들의 권위를 상징하던 칼이었답니다. 그런 무기를 발 옆에 놓고 외면하고 있는 걸 보면 숨겨진 자신의 전투력이나 무력을 드러내고 싶지 않아 하는 숨은 여전사라고 볼 수도 있겠네요.

Explanation

강한 카리스마를 가진 지적인 인물을 말합니다. 자신을 드러내지 않고 또는 드러낼 수 없는 여건에서 감정을 잘 통제하면서 침착하고 현명하게 대처하는 사람입니다.

냉철하게 이치에 맞게 살아가는 사람이라서 누가 이의를 제기하거나 함부로 불평할 수가 없습니다. 너무 맑은 물에는 고기가 살지 못하는 법이라고 하잖아요. 매사에 한 치의 오차도 없어서 성과로 인정받기는 쉽겠지만, 오히려 이런 성향으로 인해서 가까이하기 힘든 사람일 수도 있고 두려움과 불편함의 대상일 수도 있겠죠.

자신의 지혜와 힘을 사용하여 따뜻하게 사람들을 감싸주거나 올바른 곳으로 이끌 수도 있겠지만 그렇게 하려면 자신과 많은 타협이 필요할 인물입니다.

장애물(부정적 의미로 해석될 경우)일 때
- 너무 현실적인 면에만 치우쳐서 따뜻한 감성을 등한시한다.
- 매사에 칼같이 정확하지만 그만큼 가까이하기 힘든 존재다.
- 자신을 드러내지 못하는 처지라 마음이 힘들 수 있다.

해결책일 때
- 감정적인 것은 접어두고 현실적인 면에만 집중한다.
- 갈등을 중재할 능력이 충분하고 매사에 공정하다.
- 지적인 면과 물리적인 힘이 둘 다 갖추어져 있다.

미래일 때
- 현실을 정확히 인지하고 확실한 것 위주로 진행하게 된다.
- 갈등은 잘 조절될 것이고 감성적인 것보다 이성적인 것이 대두된다.
- 확실하게 해결될 가능성이 있지만 잘 드러나지 않고 진행된다.

◆ 3번 : 여황제(The Empress)

Keywords

임신, 출산, 모성애, 결혼, 풍요로움, 넉넉함, 나태해짐, 게으름, 현실에 안주하는 사람, 따뜻하고 친절하고 돌봐주는 편안하고 포근한 존재.

Storytelling

여황제입니다. 왕의 부인인 왕비가 아니라 독자적인 권력을 행사할 수 있는 군주로서의 여자 우두머리를 말하죠. 강이 흐르고 있고 물이 풍부해서 초록 나무들이 무성하게 자라고 있고 무르익은 곡식들이 가득하죠. 물질적으로 부족함 없는 상태를 말합니다. 모든 게 갖춰진 환경이죠.

잠옷이나 평상복처럼 보이는 옷은 공격당하거나 침범당할 적이 없는 평화로운 상태인 걸 암시하기도 합니다. 옷에 그려진 열매는 석류인데요. 지혜와 풍요로움의 상징입니다. 정신적으로도 물질적으로도 풍요롭고 현명한 사람임을 말합니다.

평화로운 환경에서 넘치도록 가진 사람이 무슨 걱정이 있겠어요. 굳이 원하는 게 있다면 이것을 나눠주고 싶을 것이고 기왕이면 다음 세대에게 이것을 물려주고 싶겠죠. 그래서 임신과 출산, 모성의 의미를 가진 사람으로 봅니다.

빨간 쿠션과 담요는 다음 세대의 생산을 위한 열정적인 사랑을 말하는 것이겠고요. 바로 아래에 있는 여성의 문양을 새긴 하얀 하트 모양은 거울로 보기도 하고 성적 매력의 발산을 나타내기도 합니다. 딱히 아쉬울 게 없는 사람이라 게으르고 나태할 수도 있겠죠. 진취적으로 나아가거나 발전을 꾀하는 일을 등한시할 수 있습니다.

신화와 연관되는 이야기도 있습니다. 지하의 신 하데스가 대지의 여신 데메테르의 딸 페르세포네에게 반해서 거의 납치하다시피 그녀를 데려가죠. 워낙 귀하신 집안 따님인지라 무사히 지상으로 돌아가긴 하는데 그 직전에 하데스의 꼬임에 빠져서 석류를 먹게 되죠. 석류를 먹으면

1년 12달 중 4달을 지하 세계에서 지내야 하고 데메테르는 그동안 슬픔에 빠져서 땅을 돌보지 못해 인간들은 겨울을 겪습니다.

여황제의 옷에 있는 석류는 타락 또는 실수의 대가 등의 경고이기도 하고 현실 도피의 유혹을 말하기도 합니다. 4달 동안 이 풍요로움을 뒤로하고 지하로 내려가서 지내야 한다는 불안이자 도피, 또는 전혀 다른 세계에 대한 동경이기도 하겠죠.

Explanation

물질적으로 또 정신적으로 풍요로운 상태의 사람입니다. 자애로움, 모성 등으로 가득한 사람이기도 하고 어머니의 사랑과 그런 포근함에 푹 파묻혀 평온한 상태에 있는 사람입니다.

뭐 하나 부족한 게 없으니 미래에 대한 낙관적이고 이상적인 생각만 합니다. 그 때문에 뭔가 나아지기 위한 변화는 생각하지 않고 안락한 현실에만 머무릅니다. 지금은 모든 걸 다 가진 사람이지만 변화와 미래에 대한 발전을 생각하지 않고 있기에 계속해서 도태되는 과정을 거쳐 결국에는 가진 것을 모두 잃을 위험이 있기도 합니다.

그렇게 되기 전에 마치 석류를 먹은 페르세포네처럼 잠깐씩이라도 새로운 세상을 경험하고 돌아올 필요가 있겠죠. 이 사람에게 가장 필요한 것은 주기적으로 한 번씩 찾아오는 색다른 경험과 깨어남일지 모르겠네요.

장애물(부정적 의미로 해석될 경우)일 때
- 지나치게 낙관적으로 모든 것을 받아들일 수 있다.
- 현실에 안주하고 게으르고 나태한 태도로 살고 있을 수 있다.
- 아쉬울 게 없어 보이지만 발전 가능성이 희박하므로 곤경에 처할 날이 머지않았을 수 있다.

해결책일 때
- 지금 가진 것도 충분하니 잠깐 기대어 쉬어도 된다.
- 현재로서는 더 이룰 것이 없으니 다른 일을 준비한다.
- 따뜻하고 포근한 힘으로 감싸 안으면 고난이 사라진다.

미래일 때
- 풍요롭고 성공적인 시기가 다가오고 있다.
- 많은 것을 이루고 편안하게 쉬게 될 수 있다.
- 낙관적이고 편안한 시간이 찾아오게 될 것이다.

◆ 4번 : 남자 황제(The Emperor)

Keywords

자수성가, 불안함, 깊은 외로움, 고독, 가진 것을 지켜야 하는 사람, 안정된 조직, 권력자, 권위를 가진 정복자.

Storytelling

남자 황제입니다. 적들을 모두 제압하고 최고의 위치에 오른 권력자입니다.

손에 들고 있는 것은 황금 구슬과 앙크 십자가입니다. 황금 구슬은 부와 명예를 뜻하고 앙크 십자가는 이집트 신화에서 대부분 신이 손에 들고 있는 물건이죠. 유대교의 신비주의에서는 이 상징을 생명의 나무라고도 합니다. 생명력, 권위적인 힘, 그리고 지식의 열쇠라는 뜻도 가지고 있습니다.

이렇게 대단한 사람이 왜 이렇게 불안한 표정을 하고 있을까요. 이 사람의 발을 보면 황제임에도 불구하고 붉은 비단옷 아래에 갑옷을 입고 있는 걸 알 수 있습니다. 세습으로 황제 자리를 물려받은 금수저가 아닌 거죠. 자기 힘으로 온갖 적을 물리치고 이 자리에까지 오른 기사 출신의 자수성가한 인물입니다. 딱딱한 석좌에 앉아서 완벽한 구도를 갖춘 세상을 자신의 방식으로 지켜가는 대장이며 언제 공격당할지 모르는 불안한 위치에 있는 사람입니다. 모든 것을 가졌고 능력도 있고 최고의 자리에 올라있지만, 마음은 늘 불안하고 걱정이 많아서 사람을 믿기가 힘들기에 마음을 쉽게 내주지도 못하는 외로운 사람이기도 합니다.

Explanation

연륜이 깊고 권력과 권위와 온갖 힘을 다 가진 사람입니다. 하지만 모든 것을 다 가진 것에 비해 마음은 행복하지가 않습니다. 늘 가진 것을 침범당할까 봐 빼앗길까 봐 불안하고 사람과 가까이하지 못하는 상황에 너무 오래 있어서 뼛속까지 외로움이 사무친 사람입니다. 너무 많은 것을 가진 바람에 자신이 가진 것을 지키기 위해서 최선을 다하느라 온 힘을 다 쓰는 중입니다. 사람들은 떠받들어주고 칭송하고 심지어 이 사람의 마음에 들려고 온갖 애를 다 쓰겠지만 이 사람의 마음은 쉽사리 열리지 않습니다.

휴식을 모르고 늘 긴장 상태로 있어서 예민하고 고집이 세며 보수적이고 다소 가부장적이고 전통적인 사고를 하는 사람이기도 합니다. 고집을 좀 누그러뜨리고 사람들에게 다가가고 또 다가오는 사람을 의심하지 않으려 노력할 필요가 있습니다.

장애물(부정적 의미로 해석될 경우)일 때
- 가진 것은 많으나 독선적 독재적인 자세를 가지고 있다.
- 지켜야 할 것이 너무 많아 그 무게에 짓눌리고 있다.
- 형식과 원칙에 얽매여 있고 노심초사하며 불안에 시달린다.

해결책일 때
- 언제든지 이 상황을 해결하기 위해 뛰어나갈 준비가 되어 있다.
- 경계하고 조심하는 신중함이 현재의 위치를 지켜줄 것이다.
- 많은 힘을 가지고 있는 위치에 있음을 상기한다.
- 많은 것을 이루게 되지만 주변을 경계하는 조심성이 필요하다.

미래일 때
- 가진 것을 지키기 위해 노심초사하게 될 것이다.
- 지킬 힘은 충분하지만 늘 경계하고 조심하는 시간을 보내게 된다.
- 자수성가하게 되지만 주변에 믿을만한 사람이 없을 수 있다.

✦ 5번 : 교황(The Hierophant)

Keywords

정신적인 지주, 자비로운 존재, 신의 대리인, 늘 남에게 도움이 되는 일만 해서 본인을 못 챙기는 사람, 가르치는 사람, 존경받는 사람, 고지식하게 옳은 사람.

Storytelling

교황입니다. 중세 시대의 교황은 왕이나 황제보다 위에 있었죠. 누구에게나 존경받는 사람이며 모두가 와서 조언을 구하는 현명함과 지혜로움의 끝판왕이자 인간과 신의 중간에 있는 존재입니다. 붉은 옷과 푸른 옷을 동시에 입고 있는 것은 외적 내적 힘이 모두 강하다는 뜻입니다. 발밑에는 문제를 해결할 수 있는 만능열쇠를 두고 손에는 신의 권위를 상징하는 세 개의 손가락과 십자가를 내보이고 있습니다. 여자 교황, 여사제와는 달리 남자 교황의 뒤에 있는 기둥들은 모두 하얀색이죠. 갈등이 있을 여지가 없는 절대 권력을 말합니다.

사람들이 와서 교황의 앞에 머리를 조아리고 지혜를 구하고 있어요. 그런데 교황의 눈은 그들을 보고 있지 않습니다(중세 시대의 만연했던 종교적인 타락을 풍자하고 있다고 보기도 합니다). 신을 섬기느라 인간 세계에는 마음을 주지 못하는 독단적이고 독선적인 종교인의 삶을 말하고 있기도 합니다. 신의 대리인일지는 몰라도 인간의 한계를 가진 인물이라 중간에서 자신의 정체성을 잃은 슬픈 존재이기도 합니다. 많은 사람에게 사랑을 받지만 정작 이 인물이 사랑하는 존재는 하늘에만 있는 거죠.

Explanation

믿음직한 조언자이며 학식이 깊은 사람입니다. 늘 현명한 조언을 해주는 사람이고 좋은 선배

이자 선생님이며 당연히 존경을 받을 만한 위치에 있습니다. 규칙을 준수하고 법과 전통을 잘 따르는 사람이며 심지가 굳고 순수한 면이 있어서 고지식하다는 소리를 들을 수 있습니다.

이런 면이 지나치면 늘 남에게 베풀고 봉사하는 게 일상이라서 정작 자신과 가까운 주변 사람들을 세심하게 못 챙기는 면이 있을 수 있겠네요.

너무 순수한 학문을 추구하는 이상주의자라 현실과 괴리감을 느끼거나 영적인 감성에 지나치게 젖어 현실에서 도피하거나 외면하는 면이 있을 수도 있습니다.

장애물(부정적 의미로 해석될 경우)일 때
- 늘 남에게만 신경 쓰느라 자신은 못 챙기는 삶이다.
- 중간 관리자로 아랫사람과 윗사람들의 요구를 모두 감당하느라 힘들다.
- 타인의 돌봄을 받으며 생활하고 있으면서 자신의 것을 모으고 관리하는 데는 미숙하다.

해결책일 때
- 종교인을 찾아가거나 그에 버금가는 인물을 찾아 훌륭하고 현명한 조언을 구한다.
- 영감이 충만하고 현명한 지혜를 가지고 있어서 사람들이 믿고 따른다.
- 중간 관리자 역할을 맡는다면 본인의 능력을 발휘하게 된다.

미래일 때
- 사람들을 진심으로 돕고 이를 숭고하게 여긴 이들에 의해 감사를 받는다.
- 하늘의 계시를 받듯이 메시지를 전달해주는 사람이 나타난다.
- 남을 돕는 데 치중하여 당장은 실속이 없어 보일 수 있으나 가치 있는 일이다.

✦ 6번 : 연인(The Lovers)

Keywords

로맨티스트, 사랑에 빠져 있음, 좋아서 마음을 빼앗김, 맹목적인 애정에 사리 분별이 잘 안되는 상태, 운명, 거부할 수 없는 애정.

Storytelling

서로 사랑하는 연인들이 하늘의 지지를 받고 있네요. 붉은 날개를 활짝 펼친 천사가 뜨거운 태양이 내리쬐는 가운데 아래에 있는 한 쌍의 연인에게 두 손을 활짝 펴고 있습니다. 눈을 감고 있는 것은 약간의 체념이라고도 볼 수 있습니다. 하늘도 어쩔 수 없는 사랑, 맹목적이고 막을 수 없는 절대적인 감정을 말하고 있습니다(이 천사는 절제 카드에도 등장합니다). 여성의 뒤에는 둥근 열매와 뱀이 보이고 남성의 뒤에는 불꽃이 타는 나무가 있죠. 유혹과 열정을 뜻합니다. 그런데 여성은 하늘을 조금 불안한 눈으로 바라보고 있네요. 남성 역시 마냥 즐거운 표정은 아닌 채로 여성을 바라보고 있습니다. 사랑은 필연적으로 불안과 함께합니다. 애정의 대상이 사람이라면 저 사람이 잘못되면 어쩌나, 애정이 변하면 어쩌나 늘 어느 정도의 불안이 함께 할 것이고 그 애정의 대상이 일이나 물건이라면 원하는 대로 되지 않거나 '분실하면 어쩌나'와 같은 아주 기본적인 걱정을 하게 되지요. 즐겁고 행복하면서도 불안한 아이러니입니다.

Explanation

사랑에 빠져 있네요. 아주 강렬한 애정입니다. 마음을 빼앗겨서 사리분별도 못 할 정도로 푹 빠진 상태를 말합니다. 그렇게 푹 빠진 마음 한가운데 불안함이 자리 잡고 있습니다. 잘되지 않으면 어쩌나 신뢰가 깨지면 어쩌나 전전긍긍한 마음이 깔려있습니다. 그리고 서로를 바라보는 것이 아니라 한쪽이 하늘을 바라보고 있는 것은 그만큼 원하는 것이 많고 이루고 싶은 이상이 높음을 뜻합니다. 아무것도 가릴 것이 없을 만큼 순수하게 사랑하지만, 이면에는 서로에 대한 기대와 바람이 어느 정도 존재하고 있어서 이 푹 빠진 사랑에서 어느 정도 헤어나오고 나면 서로의 바람에 대해 갈등이 시작될 수도 있음을 말해주고 있습니다.

장애물(부정적 의미로 해석될 경우)일 때

- 맹목적이고 감정에 빠져 있어 사리분별이 잘 안된다.
- 지나치게 애정행각에 몰두하느라 다른 일을 등한시할 수 있다.
- 행동이나 감정이 너무 강해서 타인이 만류하기 힘들 것이다.

해결책일 때

- 좋아하는 만큼 온 마음을 다해서 집중하면 막을 자가 없다.
- 이상적인 미래를 동경하고 힘든 현실을 위로하는 상부상조하는 관계를 이룬다.

미래일 때

- 천상이 맺어준 인연을 만나게 된다.
- 일이든 사람이든 물불 안 가리고 덤빌 수 있을 만큼 푹 빠져든다.

✦ 7번 : 전차(The Chariot)

Keywords

거침없이 몰아치는 추진력, 조절과 화합, 카리스마 있는 지도자, 마찰과 불협화음은 있지만 통제 가능, 두 가지 서로 다른 일을 동시에 할 수 있는 능력, 시작, 출발.

Storytelling

황금 바퀴를 단 전차가 막 달리려고 하고 있습니다. 화려한 옷을 입고 머리에는 황금관을 썼으며 한 손에는 지휘봉을 든 자신에 찬 표정의 지도자가 보입니다. 신분이 매우 고귀한 사람임을 알 수 있습니다. 졸개나 병사가 아닌 대장이나 장군이겠네요. 입고 있는 옷이 전투복임을 어깨에 있는 초승달 모양의 상징물로 알 수 있고 전차 가운데 그려진 푸른 날개는 이 인물의 원대한 능력과 성공한 전력을 나타냅니다.

앞에 있는 두 마리의 짐승은 서로 갈등 관계를 나타냅니다. 하지만 별로 문제가 되지 않아 보입니다. 그 정도의 갈등은 충분히 다룰 수 있다는 자신감이 엿보입니다.

Explanation

저돌적이고 늘 자신감에 넘칩니다. 작은 갈등이나 사소한 다툼 정도는 가뿐히 넘길 수 있는 카리스마 있는 리더입니다. 운동에 소질이 있을 수도 있고 그게 아니면 강단에 서서 열정적으로 강의하는 모습도 어울리겠네요. 고분고분하게 남에게 머리를 숙이고 자신을 감추기보다는 온 세상이 볼 수 있도록 힘차게 내달리면서 자신의 존재감을 과시하는 사람에 가깝습니다. 갈등을 잘 중재하면 좋겠지만, 추진력이 과하면 미처 보지 못한 작은 갈등들이 쌓여서 큰 걸림돌이 될 수 있음을 명심하는 게 좋겠습니다.

장애물(부정적 의미로 해석될 경우)일 때

- 갈등은 아랑곳없이 본인의 능력만 믿고 지나치게 밀어붙이고 있다.
- 작은 갈등은 해결할 수 있겠지만 계속 이대로 가다가는 불씨를 키워 큰 화를 입을 수 있다.

해결책일 때

- 본인의 능력을 믿고 강한 추진력으로 밀고 나간다.
- 황금 바퀴가 달린 전차를 타는 사람은 신분도 지위도 높고 능력이 되는 사람이므로 상황을 믿고 진행한다.

미래일 때

- 갈등을 해소하며 앞으로 쭉쭉 나아가게 된다.
- 카리스마 있는 지도자가 나타나 일을 해결해 준다.
- 본인이 카리스마 있게 일을 추진해 나가게 된다.

✦ 8번 : 힘(Strength)

Keywords

기다림, 순수한 용기, 담대함, 속도는 느리지만 내실을 다짐, 부드러운 카리스마, 무한한 에너지와 잠재력, 우유부단, 트레이너, 정신적인 리더.

Storytelling

여인이 사자를 길들이고 있습니다. 맹수를 길들일 때 때리고 굶기고 사슬로 묶어두면 잠시 제압할 수는 있어도 결국 그 맹수의 사슬이 풀리는 순간 공격을 받게 되겠죠. 이 여인은 예쁘다 예쁘다 하면서 사자를 진심으로 돌봐주고 있습니다. 시간은 오래 걸릴지언정 정말 자기편으로 만들 수 있겠죠. 얼마든지 기다릴 수 있다, 내면에 이 모든 것을 감당할 만큼 강인한 힘이 숨겨져 있다는 뜻으로 여인의 머리 위에 무한대의 고리가 떠 있습니다(타로 카드 78장 중에서 무한대의 고리가 나오는 카드는 1번 마법사 카드와 8번 힘 카드 그리고 마이너 카드 중 2번 동전 카드로 단 세 장뿐입니다).

여인은 하얀 가운을 입고 붉은 꽃이 피어 있는 초록 나무줄기를 몸에 감고 있습니다. 순수함을 바탕으로 하고 있으며 앞으로 쭉 뻗어 나갈 성장의 힘과 열정이 가득 차 있음을 말해줍니다.

Explanation

당장은 감당하기 힘든 이슈가 있지만, 시간을 들여서 노력하면 감당하고 통제할 수 있게 될 것을 말해줍니다. 상황이 변하거나 나아질 기미는 보이지 않고 그저 답답하게 기다리고 있는 시간이 오래되었네요. 지금 당장 해내고 싶은데 생각보다 시간이 오래 걸려서 막막한 마음입니다. 하지만 사실은 정말 시간이 오래 걸릴 일이라서 그런 거라고 합니다. 그림처럼 사자를 길들이는 게 하루아침에 될 일은 아니니까요. 맞는 방향으로 가고 있다는 확신을 갖고 자신의 무한한 잠재력을 믿고 버틸 필요가 있어 보입니다.

장애물(부정적 의미로 해석될 경우)일 때

- 능력도 있고 잠재력도 충분한데 지나치게 신중하게 임하는 중이다
- 힘든 과정을 선택하는 바람에 수행의 시간을 길어지고 있다.
- 과정에만 집중하느라 해결책을 제시할 타이밍을 놓칠 수 있다.

해결책일 때

- 잠재된 능력과 무한한 가능성을 믿고 현실을 버틸 수 있다.
- 충분히 무르익어 적절한 때가 올 때까지 기다림의 시간을 가진다.

미래일 때

- 기다림의 시간이 있겠으나 내실을 채우는 기간임을 알아야 한다.
- 시간이 걸리는 어렵고 힘든 일을 맡을 수 있으나 그만큼 훌륭한 결과를 기대해도 된다.

✦ 9번 : 현명한 자/은둔자(The Hermit)

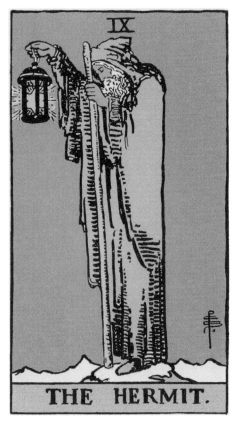

Keywords

은밀한 비밀, 교육하는 사람, 철학자, 신중함, 마음을 드러내지 않고 묵묵히 알려주는 스타일, 수련과 고행을 하는 사람, 남의 일에 관심 없음.

Storytelling

두 눈을 감고 지팡이를 짚은 노인이 등불을 들고 서 있습니다. 마치 길을 밝혀주고 있는 것처럼 보이죠. 그런데 한 자리에 가만히 서 있습니다. 왼발만 보이고 오른발은 보이지 않죠. 지팡이에 기대어 서 있는 걸 알 수 있습니다. 스스로 '나는 아직 부족하다, 고행과 수행이 더 필요한 사람이다' 이렇게 생각합니다. 그런데 사실은 이 사람은 너무나 현명한 사람이고 뛰어난 지혜를 가지고 있습니다. 많은 사람이 와서 길을 묻고 조언을 구할 정도입니다. 하지만 본인은 동요하지 않습니다. 그저 묵묵히 길을 밝혀만 줄 뿐 함께 가지는 않습니다. 남 일에 전혀 관심이 없거든요. 오직 자신의 수행과 철학과 깨달음에만 전념하는 사람으로 속세를 떠나서 초야에 묻힌 은둔자라고 할 수 있겠죠. 회색은 흰색과 검은색의 중간색으로 어떤 경우에도 한쪽으로 치우치지 않는 중립성을 말하며 드러나지 않는 비밀, 또는 이기적이고 고집이 지나치게 센 사람을 나타내기도 합니다.

Explanation

타로에서의 9라는 숫자는 완성된 단계를 의미합니다. 99%의 완성이라고 할까요. 마지막 한 걸음만 남겨놓은 상태입니다. 완벽한 끝은 숫자 10으로 나타납니다. 10은 더 이상 발전할 여지가 없는 완벽한 종결을 뜻합니다. 완성된 세상은 다시 0으로 돌아가야 하므로 10보다는 9를 좀 더 현실적인 '완성 단계'로 보는 것입니다.

그런 의미에서 이 9번 카드는 완성된 사람을 말합니다. 한 분야에서 완벽하게 성공하고 통달한 전문가이며 교육자, 철학자를 뜻하기도 합니다. 고집이 세고 비밀스러우며 자신의 색깔이 분명하겠네요. 대인관계에서 사람에의 호불호가 분명하지만 늘 중립적인 입장을 취하며 타인의 일에 함부로 끼어들지 않습니다. 소극적이고 이기적이며 말 그대로 'My way'를 걷는 사람으로 여겨질 수 있습니다.

장애물(부정적 의미로 해석될 경우)일 때
- 본인만의 스타일을 고집하고 있을 수 있다.
- 비밀이 많고 드러나지 않아 답답할 수 있다.
- 아직 부족하다고 느끼고 계속해서 노력만 하는 중이다.
- 타인과의 소통에 미숙하고 타인의 감정에 관심이 없다.

해결책일 때
- 한군데 집중하고 한 우물을 파는 것이 좋겠다.
- 전문가를 찾아가서 조언을 구하라.
- 스스로 전문가가 되도록 최선을 다하라.
- 남의 일에 간섭하지 말고 본인에게 집중하라.

미래일 때
- 묵묵하게 외길을 따라가게 된다.
- 많은 사람에게 알리지 말고 비밀스럽게 굴게 된다.

✦ 10번 : 운명의 수레바퀴(Wheel of Fortune)

Keywords

학업에 충실한 시간, 운명의 흐름, 정해져 있는 곳으로 간다, 반복과 변화, 변하지 않는 것처럼 보이지만 결국 모든 게 달라지고 있음, 단순한 반복이 모여서 장기적으로는 변화를 가져옴.

Storytelling

수레바퀴 속의 글자는 TARO, 그리고 중간에 있는 글자를 이어보면 히브리 문자로 YHWH라고 합니다. 성서에 나오는 하나님을 뜻합니다. 신을 말하는 거죠. 안쪽에 있는 글자들은 연금술에 관련된 문양이라고 하고요.

이집트 신화에서 상징을 가져왔다고 보면 스핑크스는 균형을 잡는 자, 붉은 짐승은 아누비스, 뱀은 아펩으로 보기도 합니다. 아누비스는 질서에 따라 죽은 자를 저승으로 인도하고 아펩은 혼돈과 어둠의 신입니다. 수레바퀴의 양쪽에 각각 있는 걸 보면 균형을 이루고 있다고 볼 수 있죠. 어쩌면 혼돈과 어둠이 아무리 요사스럽게 굴어도 아누비스가 떠받치는 질서와 순리는 방해할 수 없다는 뜻도 됩니다.

이 카드의 모서리에 등장하는 독수리와 사자, 소, 사람은 성서 속에서 신을 칭송하는 존재들로 나옵니다. 이 그림에서는 신과 마찬가지인 운명적인 수레바퀴 주변에서 각자 책을 보며 얌전하게 공부를 하고 있죠. 그들이 할 수 있는 게 없다는 뜻입니다. 신이 가는 길, 즉 운명의 흐름은 그 누구도 어찌할 수 없죠. 그저 보호하고 수호하고 따르는 수밖에 없습니다.

Explanation

바퀴는 멈추지 않으면 굴러갑니다. 바퀴가 있는 이유죠. 똑같은 모습으로 구르는데 주변은 계속해서 변화합니다. 새로운 곳으로 가게 되니까요. 그래서 지루한 반복과 변화를 동시에 의미합니다. 그저 주어진 대로 끈기 있게 가는 수밖에 없음을 말하고 있네요. 정해져 있는 것을 바꿀 수는 없는 법이며 세상의 균형에 따라 흘러갈 수밖에 없는 순간도 있습니다. 사람의 관계나 일도 내가 어찌할 수 없어 슬플 수도 있고 지루할 수도 있겠네요. 시련이라면 묵묵히 버티고 결국엔 지나갈 것을 믿어야 하고 10번이라는 숫자가 의미하듯이 완성된 세상을 떠나 새로운 곳으로 향하는 운명이라면 또 받아들여야 할 것입니다.

장애물(부정적 의미로 해석될 경우)일 때
- 긴 시간을 들여서 노력하고 있는데 결과가 당장 나오지 않는다.
- 피할 수 없는 운명적인 일이다.

해결책일 때
- 묵묵히 가면 노력한 만큼 결실이 있다.
- 인과응보, 뿌려진 만큼 거둬들이는 때가 올 것이다.
- 운명적으로 이루어진다.

미래일 때
- 묵묵하게 지금 상황을 유지하고 가는 것이 최선이다.
- 운명적인 흐름을 따라가게 될 것이다.

수레바퀴 안쪽의 T, A, R, O, 네 개의 글자 사이에 있는 히브리어 문자를 라틴어로 나타내면 YHWH가 된다. 고대의 유대인들은 히브리어 성경에서 신의 이름을 히브리어로 된 4개의 문자로 표기했는데 이 네 개의 4글자가 바로 신의 이름을 적은 것으로 테트라그라마톤이라고 한다. 그리스어로 4를 뜻하는 테트라와 문자라는 뜻의 그라마가 합쳐진 말로 야훼(Yahweh)를 뜻한다고 보고 있지만 실제로 하나님의 이름을 뜻하는 고귀한 명칭이라서 신의 이름을 야훼(야웨) 등으로 부르는 것은 대단한 불경스러운 일로 여겨지며 무례한 일로 본다. 이런 이유로 실제로 직접 부르거나 기록하지 않고 있으며 '나의 주님'이라는 경건한 의미로 '아도나이'라고 읽거나 테트라그라마톤이라고만 부른다.

✦ 11번 : 정의(Justice)

Keywords

정의로움, 공정함, 양가감정, 단호한 결정, 심사숙고, 차가운 대인관계, 돌직구 던지며 입바른 소리만 하는 사람, 계산적, 원칙주의자.

Storytelling

중세 시대에는 왕과 판사를 한 사람이 겸임하는 경우가 많았다고 합니다. 솔로몬 왕도 그랬다고 하지요. 그림 속의 인물은 남자인지 여자인지 모호하지만 일단 신분이 높은 사람이고 권력을 가진 사람입니다. 들고 있는 저울이 수평을 이루고 있다는 것은 한 치의 오차도 허용하지 않겠다는 뜻이며 왼쪽에 있는 검을 치켜든 것은 결단을 내릴 때 망설이지 않겠다는 의지입니다. 타로 카드 78장 중에서 아주 대표적으로 양가감정을 나타내고 있는 카드입니다. 이러지도 저러지도 못하는 상황이라고 볼 수도 있지만 이렇게 높은 신분의 권력자라서 사실 자기 마음대로 할 수도 있을 텐데 이러고 있는 걸 보면 훌륭한 결단을 내리기 위해 심사숙고하는 훌륭한 지도자라고 보는 게 더 합당하겠지요.

Explanation

이성적인 원칙주의자입니다. 중대한 결단을 앞에 놓고 전전긍긍하고 있습니다. 심사숙고도 해야 하고 과감하게 결단도 내려야 합니다. 내적인 갈등이 심하지만 드러내지 않을 만큼 냉정합니다. 더 냉철해지고 감정을 빼고 이성에 집중하려고 하고 있으며 이런 계산적이고 빈틈이 없는 모습은 주변에 차가운 사람이라는 인상을 줄 수 있습니다.

합리적으로 받은 만큼만 되돌려주기에 어떤 일이든 더 주거나 덜 주거나 하지는 않고 딱 자신이 감당할 수 있는 만큼만 행동합니다. 감정적이거나 비이성적인 행동을 거의 하지 않기 때문에 그만큼 신뢰할 수 있지만 이런 사람 옆에 있으면 팩트 폭행을 당할 수 있습니다. 이치에 맞지 않는 말은 한마디도 하지 않고 입바른 소리만 해대는 사람일 테니까요.

장애물(부정적 의미로 해석될 경우)일 때
- 양가감정에 빠져 답답한 상황일 수 있다.
- 지나치게 엄격하고 진지한 태도가 상황을 힘들게 한다.
- 균형을 이루기 위해 애쓰는 태도가 우유부단으로 이어질 수 있다.
- 감정적으로든 이성적으로든 한쪽으로 치우치는 태도를 조심한다.

해결책일 때
- 충분히 생각하고 확실한 결단을 내려야 한다.
- 열정과 냉정함이 공존하므로 고민하는 만큼 현명한 결론을 얻는다.
- 감정에 치우쳐 일을 그르칠 염려는 거의 없다.

미래일 때
- 객관적인 결단을 내려야 할 시기가 올 것이다.
- 심사숙고와 과감한 결단을 동시에 고려해야 하는 상황이 온다.

✦ 12번 : 거꾸로 매달린 사람(The Hanged Man)

Keywords

인내, 가치 있는 시련의 시간, 수행, 고행, 사서 고생 중, 내면의 힘에 집중하며 기다리는 사람, 나비를 꿈꾸는 번데기 속의 애벌레, 보이지 않는 시간의 가치.

Storytelling

사람이 거꾸로 매달려 있습니다. 힘든 상황인데 표정이 매우 평온합니다. 머리에는 지혜와 성찰을 뜻하는 황금빛 후광이 비치고 있고 푸른 옷과 붉은 옷을 아래위로 입고 있습니다. 내적 외적 힘을 모두 갖춘 강인한 사람이라는 의미입니다. 이 사람의 발을 자세히 보면 단단하게 묶여있지 않고 느슨하게 묶여 있습니다. 조금만 발을 흔들면 곧 풀려날 수 있을 텐데 이 사람은 그럴 생각이 없어 보입니다. 흔들거리지도 않고 고요하고 차분하게 자신의 상황을 견디고 있습니다. 뿌리치고 가지 않는 이유는 본인이 선택한 상황이기 때문입니다. 말 그대로 사서 고생 중입니다. 그만큼 이 시간이 가치 있기 때문입니다. 이 시간만 넘기면 이 사람은 본인이 원하는 가치 있는 깨달음을 얻게 될 겁니다.

Explanation

시련을 견디는 시간을 보내고 있습니다. 힘들고 답답하고 괴롭지만, 충분히 견딜만한 가치가 있어서 그렇습니다. 도망가버릴 수도 있고 그만둘 수도 있지만 그렇게 하지 않고 굳센 의지로 버티고 있는 중입니다. 마음은 한 곳을 향하고 있고 심하게 요동치고 있지도 않습니다. 밤송이도 속이 꽉 차야 벌어지듯이 이 그림 속의 인물도 충실하게 고행을 견디며 자신의 내실을 다지고 있는 중입니다.

장애물(부정적 의미로 해석될 경우)일 때

- 고행과 수행으로 인한 기다림의 시간이 지나치게 길다.

- 답답하고 속박된 상황이라 할 수 있는 것이 많지 않다.

해결책일 때

- 가치 있는 시간을 보내고 있음을 자각하고 견딘다.

- 곧 깨달음과 해탈의 시간이 찾아올 것을 믿고 현재를 버틴다.

미래일 때

- 고행과 수행의 시간이 시작되나 버티기에 어렵지 않을 것이다.

- 당장 결과를 얻기는 힘들고 기대했던 결과를 얻기 위해 답답하고 속박된 상태로 시간을 보내게 될 것이다.

✦ 13번 : 죽음(Death)

Keywords

환골탈태, 과거와의 단절, 부활, 새로운 자신을 만남, 종말, 위험회피, 부인의 방어기제, 순진함, 교활한 기회주의자.

Storytelling

죽음의 기사가 찾아왔습니다. 하지만 실제로 목숨을 잃거나 사망한다는 의미보다는 과거와의 단절, 과거에 살아온 삶의 종말을 뜻합니다.

해골 기사가 탄 백마는 한 발 앞으로 내디디고 있습니다. 부활하여 새롭게 시작되는 시간을 향해 가고 있습니다. 그런데 이 기사를 맞이하는 네 명의 태도가 각각 다릅니다.

타락한 교황은 아첨하듯이 두 손을 맞잡고 있고 여인은 죽은 척하며 현실을 부인하는 중입니다. 가진 것을 지키는 데 실패한 왕은 왕관을 팽개치고 나 몰라라 드러누워 버렸네요. 순진한 아이는 과거의 단절과 새로운 시작을 순수한 호기심으로 받아들이고 있습니다.

Explanation

지금까지의 삶에 커다란 변화가 오려고 하고 있습니다. 그 무엇도 예전과 비슷하지 않을 것이고 파격적인 일이 있을 수 있습니다.

이 변화를 맞이하는 자세는 각각 다를 수 있습니다. 왕과 교황, 아이와 여인 중에서 어떤 이가 가장 눈에 들어오는지 한번 보세요. 왕처럼 변화를 감당하기가 두려워 지금까지 갖고 있던 것들을 팽개칠 수도 있고, 교황처럼 온몸을 다해 환영하며 맞이할 수도 있고, 여인처럼 아예 외면해버리거나 아이처럼 순수하게 바라볼 수도 있습니다.

장애물(부정적 의미로 해석될 경우)일 때

- 거부할 수 없는 변화가 밀려오는데 감당하기 어려워서 힘이 든다.

- 새로운 힘에 압도되어 어떤 자세를 취해야 할지 빠른 결단을 내려야 하는데 어찌해야 할지 감이 안 잡힌다.

해결책일 때

- 과거와의 단절은 곧 완전히 새로운 시간이 시작됨을 의미한다.

- 무엇을 하든 이미 시작되었고 예전과는 완전히 다를 것이다.

미래일 때

- 예전에는 겪어보지 못했던 거대하고 새로운 변화가 오게 된다.

- 더 이상 과거와 연결되지 않고 새로운 시작을 꾀하게 된다.

✦ 14번 : 절제(Temperance)

Keywords

조화, 균형, 중용, 제한되어 있는 자원, 인내심, 견뎌야 하는 사람, 적정한 한계를 지키는 절제력, 중재자.

Storytelling

붉은 날개를 펼친 천사가 한쪽 발만 물에 담그고 다른 발은 땅을 밟고 있습니다. 원하는 게 이렇게나 많지만, 지금은 다 감당할 수 없어 딱 할 수 있는 만큼만 가진 채 아쉬운 마음을 발만 살짝 담그는 것으로 대신하고 있는 중입니다. 지그시 감은 눈에서 꾹 참고 있는 힘이 느껴집니다.

저 멀리 외길의 끝에는 찬란하게 빛나는 황금 왕관이 있습니다. 이미 무성하게 자란 아름다운 붓꽃이 탐스럽게 피어 있습니다. 천사가 해야 할 일은 꽃을 피우고 왕관을 찾아 길을 따라가는 것입니다.

Explanation

타로에 나오는 상징 중에서 물은 원하는 것, 내가 바라는 이상적인 꿈을 뜻하고 땅은 내가 해야만 하는 것, 좋든 싫든 해내야만 하는 현실을 말합니다. 성공, 명예와 부를 이룰 길을 따라갈 운명입니다. 아무리 열정으로 가득한 날개를 펼쳐 본다 해도 내가 진정 원하는 것은 딱 컵에 담을 만큼만 가질 수밖에 없는 상황입니다.

장애물(부정적 의미로 해석될 경우)일 때
- 하고 싶은 것은 많지만 지금 당장 할 수 있는 것은 제한적이다.
- 아무리 능력이 있어도 지금 시기는 작은 것으로 만족하고 끈질기게 버티며 나아가야 한다.

해결책일 때

- 참고 견디는 힘을 믿고 지금을 넘겨야 황금 왕관을 가질 수 있다(가치 있는 결실을 보게 된다).

- 주변의 많은 것에 눈을 돌리지 말고 지금 하고 있는 일에 온 마음을 다해서 집중한다.

미래일 때

- 원하는 것이 많겠지만 할 수 있는 것은 한정적일 수 있다.

- 하고 싶은 마음과 반대되는 마음을 잘 조절해서 다루어야 결실을 볼 수 있다.

✦ 15번 : 악마(The Devil)

Keywords

고집, 집착, 무절제, 성적인 매력, 유혹, 퇴폐적인 매력이 있는 사람, 속박, 옳지 않은 기준에 따른 즐거운 행동.

Storytelling

박쥐의 날개를 가지고 있는 뿔이 달린 악마가 오른손을 들어 보이고 있습니다. 사슬에 묶여있는 사람들도 머리에 뿔이 나 있습니다.

악마의 머리에 있는 별은 역 오 각성으로 뒤집힌 별을 뜻합니다. 길잡이 별의 반대 의미로 길을 잃게 만드는 별이며 유혹과 타락의 의미입니다. 악마의 얼굴이 형상화하고 있는 염소는 권력이나 재물에 대한 욕구가 강하고 상대가 원하는 것을 잘 알아보는 교활한 능력을 가진 존재를 나타내는 것이고 오른손의 두 개씩 붙은 손가락은 거짓된 약속을 의미합니다.

하지만 쇠사슬에 묶인 인간들은 그다지 힘들어 보이지 않습니다. 현 상황을 깨닫지 못하고 집착과 욕심에 빠져있는 모습입니다. 쾌락과 향락만을 위한 육체적인 관계를 맺으며 욕심과 집착으로 인해 악마에게 붙들려 있는데도 현 상황을 깨닫지 못하고 있는 어리석은 인간의 모습입니다.

Explanation

집착으로 인해 앞가림을 잘 못 할 수 있음을 경고하고 있습니다. 또는 성적인 매력 육체적인 외적인 매력이 가득함을 나타내고 있기도 합니다. 사람이라면 구속하고 집착하려는 마음이 가득할 수 있고 일이나 사건이라면 앞뒤 가리지 못하고 뛰어드는 무모한 상황을 경고하고 있다고 봅니다.

인간들의 목에 걸린 쇠사슬은 꽉 조여져 있지 않고 느슨하게 풀어져 있는데 아직 위험한 상황인 것을 인지하지 못하고 있어 빠져나오지 않는 중입니다. 아직은 충분히 벗어던지고 나올 수 있다는 마지막 경고이자 희망을 주고 있습니다.

장애물(부정적 의미로 해석될 경우)일 때
- 저속한 유혹을 당하는 중이거나 혹은 유혹하고 싶은 마음으로 심란하다.
- 주어진 이슈에 대해 고집을 부리고 집착하는 마음이 가득하다.
- 옳지 못한 제도나 상황에 얽혀 있다.

해결책일 때
- 원하는 바를 이루기 위해 가지고 있는 매력을 십분 활용한다.
- 일탈과 쾌락이 지금은 도움이 될 수 있는 시기다.

미래일 때
- 옳지 못한 유혹이 찾아올 수 있다.
- 고집과 집착으로 인해 당사자와 주변이 힘들어질 수 있다.

✦ 16번 : 탑(The Tower)

Keywords

안정된 세상의 붕괴, 무조건 변해야 하는 운명, 갑작스러운 변화, 천재지변, 삶의 터전의 변화, 관계의 결별, 예기치 못한 일, 사건의 발생.

Storytelling

뭔가 엄청난 변화가 억지로 밀어닥칠 것을 예견하고 있습니다. 13번 Death의 오른편 멀리에 보이던 바로 그 장소입니다. 죽었다 깨어나는 것과 같은 변화가 밀어닥쳐 이곳까지 이르렀습니다. 하늘에서 떨어진 벼락이 안락하게 삶을 영위하고 있던 탑 속의 사람들을 바깥으로 몰아냈습니다. 화려하고 안정된 생활을 지켜주던 왕관도 날아가 버렸고 성에 살던 이들은 빈손으로 아무것도 챙기지 못하고 거꾸로 떨어지고 있습니다. 모든 것이 더 이상 이전과 같을 수 없겠네요.

Explanation

변화가 올 수 있습니다. 몹시 아프고 급격한 고통스러운 변화일 수 있습니다. 원하든 원하지 않든 어떻게든 이 변화는 삶을 바꿔놓게 될 것이고 저항할 방법은 거의 없을 것입니다. 하지만 모든 일에는 이유가 있는 법이므로 당황스러워하기보다는 어째서 이런 일이 일어나는 순간까지 왔는지 돌아보고 점검하는 자세가 매우 중요합니다.

이 카드가 나오면 반드시 이로 인한 결과 카드를 뽑아보도록 합니다. 이렇게 급격한 변화 이후에 삶이 어디로 어떤 방향으로 흘러갈 것인가의 질문을 활용하는 것이 좋습니다. 【6-① 한 장 더 고르기】

장애물(부정적 의미로 해석될 경우)일 때

- 예기치 못한 변화가 찾아와 마음이 매우 복잡하고 심란하다.

- 마음에 있던 것들을 몰아내고 소통을 끊고 격정에 휩싸여 있다.

해결책일 때

- 기존에 있던 세상으로부터 탈출하라는 운명의 힘이 작용하고 있다.

- 익숙한 세상과 작별하고 고통스럽더라도 새로운 세상을 받아들이도록 노력한다.

미래일 때

- 짐작조차 하지 못했던 완전히 새로운 변화가 찾아와 삶을 흔들 것이다.

✦ 17번 : 별(The Star)

Keywords

하고 싶은 일에 올인, 희망과 포부, 밤의 시작, 인내하는 시간, 길잡이, 별의 인도, 꿈꾸고 있는 일에 빠져 듦, 낙천적인 마음, 이상주의자.

Storytelling

타로에 나오는 상징 중에서 물은 원하는 것, 내가 바라는 이상적인 꿈을 뜻하고 땅은 내가 해야만 하는 것, 좋든 싫든 해내야만 하는 현실을 말합니다.

더 이상 가릴 것도 감출 것도 없는 순수한 인간이 자신이 가진 거의 모든 것을 물에 쏟아붓고 있습니다. 내가 하고 싶은 것 원하던 것에 올인(All-in)하는 중입니다. 물론 꼭 해야 하는 일은 남겨놓고 있습니다. 땅에도 어느 정도의 물을 붓고 있지만, 오른손에 들고 있는 물잔에 비할 바는 못됩니다.

불사조로 자라날 운명이지만 아직은 자라지 못한 붉은 새가 멀리 나무에 앉아서 성장을 기다리고 있습니다. 하늘에는 북극성이 빛나고 있습니다. 북극성은 길을 잃었을 때 따라가는 나침반과 같아 길잡이 별이라고 불립니다.

별이 뜨는 시간은 밤이 시작되는 순간이어서 어둠의 시간 고난의 시간이 시작되는 의미로 볼 수도 있지만 환하게 빛나는 길잡이 별이 있으므로 딱히 염려할 것은 없습니다. 인도하는 대로 잘 따라가기만 한다면 밤은 무난히 지나갈 것이며 원하는 것에 쏟아부은 마음만큼 해가 뜨면 이루게 될 것입니다.

Explanation

뭔가 되는 일이 없고 답답한 중이었다면 서서히 좋은 쪽으로 풀려나갈 것을 믿어도 좋습니다. 당장 뭔가 대단한 결과가 나오지는 않지만 일단 재거나 눈치 보거나 가리고 숨기고 할 필요가 없습니다. 원하는 만큼 순수하게 매사에 임할 시기입니다.

장애물(부정적 의미로 해석될 경우)일 때
- 하고 싶은 마음에만 모든 것이 집중되어서 실제적인 결과가 나오지 않아 답답한 상황이다.
- 목적하는 바에 도달할 길잡이가 빛나고 있지만 정작 본인은 눈을 돌리고 있어 보지 않고 있다.

해결책일 때
- 가지고 있는 에너지를 모두 쏟아부어서 원하는 것에 집중한다.
- 온 마음을 다하는 동안 원하는 것을 이룰 방법이 명확하게 드러나게 된다.

미래일 때
- 어둡고 암울한 시간일 수 있지만 온 마음을 쏟아붓는 계기가 생긴다.
- 고난을 헤쳐나갈 길잡이나 안내자가 나타날 것이다.

✦ 18번 : 달(The Moon)

Keywords

두통, 성가신 일, 주변이 시끄러워 집중 안 됨, 개와 늑대의 시간, 직관, 짜증, 어쨌거나 무조건 가야만 하는 길.

Storytelling

하늘에 뜬 달은 머리가 아프고 마음이 불편합니다. 뾰족뾰족하게 튀어나온 가시들과 산산이 흩어져 떨어지는 불빛들이 심란한 마음을 말해줍니다.

두 개의 탑은 13번 Death에 나왔던 탑과 16번 The Tower에 나온 탑과 동일합니다. 과거와 단절하고 환골탈태를 감수한 변화가 16번 The Tower를 거쳐 여기까지 왔습니다.

가운데서 사나운 얼굴로 시끄럽게 짖고 있는 두 마리 짐승은 프랑스의 격언 '개와 늑대 사이의 시간 (L'heure entre chien et loup)'을 말한다고도 합니다. 해가 질 무렵과 또는 해가 뜰 무렵에는 모든 그림자가 희미해지고 똑같아 보여서 동물이 다가오고 있을 때 친밀한 개인지 위험한 늑대인지 구분하기 힘든 불안한 시간을 뜻한다고 합니다. 적군인지 아군인지 구분이 안 되는 존재들이 가뜩이나 소리높여 시끄럽게 소리를 내고 있으니 정말 불편한 상황이 아닐 수 없겠습니다.

다행인지 불행인지 이제는 그저 이 길을 따라만 가면 됩니다. 옆길로 샐 방법도 없고 딱히 다른 대안도 없습니다. 속 시끄럽고 심기 불편하고 머리도 아프지만 일단 이 시간과 이 장소를 지나가기만 하면 됩니다.

Explanation

뭔가 상황이 어수선하고 시끌벅적한 가운데 마음이 불편할 수 있습니다. 막 물 밖으로 나온 가재처럼 이 길을 따라가기만 하면 되는데 막상 가자니 적군인지 아군인지 모를 커다란 짐승들이 길을 막고 있어 멈춰서 있게 되는 상황입니다. 새로 시작하는 경우에 만나게 되는 막연하면 서도 구체적인 두려움을 말하고 있습니다. 불안한 마음에 갈등까지 더해지고 점점 더 나를 방해하는 요소들이 많은 것같이 신경쇠약에 걸릴 수 있습니다. 되도록 남보다는 자신을 믿는 마음으로 한 걸음씩 신중하게 나갈 수 있어야 하겠습니다.

장애물(부정적 의미로 해석될 경우)일 때
- 주변이 시끄럽고 안정이 되지 않아 마음이 복잡하다.
- 믿을만한 존재가 없어 외롭고 답답하지만 멈추어 설 수 없다.

해결책일 때
- 복잡한 상황이기는 하지만 충분히 무시할 수 있을 만큼 목적하는 바가 명확하다.

미래일 때
- 주변에 믿을만한 사람이 없어 외롭고 답답할 수 있다.
- 시끄럽고 어수선한 일이 많겠지만 일단 앞으로 나아가야 하는 상황이 온다.

✦ 19번 : 해(The Sun)

Keywords

충만한 에너지, 권위적인 인물의 보호와 감시, 위압감, 임신의 가능성, 성취와 기쁨, 지나친 열정, 좋은 기운, 탄생, 새로운 시작, 헌신적인 사랑.

Storytelling

날이 밝아왔습니다. 해가 뜨고 온 만물이 깨어납니다. 성장할 시간이고 에너지가 충만한 때입니다. 뭐든 할 수 있을 것 같이 넘치는 열정이 붉은 깃발로 표현되어 있습니다. 일편단심인 해바라기들이 피어 있고 아이의 머리 위에 해바라기와 붉은 깃털로 장식된 화관이 씌워져 있습니다. 주변에서 아이를 헌신적인 애정으로 돌보고 있음을 알 수 있습니다. 아이를 태운 백마의 표정은 조금 힘들어 보입니다. 세상 물정 모르고 들떠서 마냥 앞으로 나가려는 아이를 돌보고 있기가 조금은 불안하고 걱정이 되는 모양입니다. 아이는 온실 속의 화초라고 표현할 수도 있습니다. 하늘의 태양은 엄숙하고 진지한 얼굴로 뜨거운 에너지를 세상에 뿌리고 있습니다. 강력한 권위 거의 전지전능에 가까운 힘을 가진 존재입니다. 너무 뜨거우면 성장의 힘이 아니라 태워버리는 파괴력을 갖게 되니 조심해야 합니다.

Explanation

혹시 자녀 계획이 있거나 2세에 대한 생각이 있을 수 있습니다. 즐거운 시간을 보내고 있는지, 아니면 압박을 받고 있는지, 또는 이에 대해 걱정과 불안이 있는 것은 아닌지, 백마와 태양을 보고 있을 때 어떤 느낌이 드는지, 본인의 마음을 들여다보는 기회로 삼는 것도 좋습니다.

일복이 밀려드는 시기라고 합니다. 밤이 물러가고 화창한 아침이 찾아왔으니 모든 것들이 일제히 성장하려고 움직이는 시간이므로 무엇을 해도 당분간은 성장하고 발전할 것입니다. 지나치게 원하는 바를 갈구하느라 해바라기처럼 정신이 팔려있을 수도 있습니다. 열정이 과해서 백마에서 위태롭게 앉아있다가 낙상할 수도 있습니다. 너무 지나친 에너지로 인해 일을 그르칠 수도 있습니다. 무엇을 하든 이 좋은 시기를 조심조심 넘겨서 긍정적이고 발전적인 결과를 얻도록 신중하게 집중해야 할 시기입니다.

장애물(부정적 의미로 해석될 경우)일 때
- 지나치게 강렬한 기운이 뻗치는 것을 조심할 필요가 있다.
- 주변의 긍정적 상황에 도취하여 위태로운 상황임을 인지하지 못할 위험이 있다.
- 엄격하고 위압적인 존재의 힘에 눌려 제한적으로밖에 성장하지 못할 수 있다(마냥 어린아이로만 남아있을 가능성이 높다).

해결책일 때
- 열정과 에너지가 적절히 조화를 이루어 생산적인 결과가 나온다.

미래일 때
- 고난이 끝나고 긍정적이고 열정적인 에너지가 밀려들기 시작한다.

✦ 20번 : 심판(Judgement)

Keywords

군더더기 없는 대화, 내면의 죽어 있던 자아를 일깨움, 판결, 먼 곳에서의 소식, 반응, 부활, 새로운 삶의 시작, 구원, 도움의 손길.

Storytelling

적십자 깃발을 단 나팔을 든 천사가 신호를 보내고 있습니다. 관 속에 누워있던 죽어 있던 사람들이 일어나서 환호하는 중입니다. 적십자는 1864년에 스위스 제네바에서 만들어졌고 이 그림은 1909년에 그려졌습니다. 어려운 이들을 돕고 구제하는 나팔임을 말해주고 있습니다. 성서에도 천사가 심판의 날에 나팔을 불며 나타날 것을 예언한 부분이 있습니다.

천사가 보내는 메시지는 감정적이거나 감성적이지 않고 핵심만이 들어 있습니다. 군더더기 없는 깔끔한 내용이므로 인간들은 고민하거나 그 뜻을 이렇게 저렇게 해석할 필요가 없습니다. 그저 있는 그대로 전달받으면 됩니다. 적절한 때를 기다리며 관 속에 잠들었던 이들은 그만큼 효율적이고 적절한 구원과 도움을 받으며 환호하게 될 것입니다.

Explanation

여기 오기까지 고난의 시작과 시끄러운 여정을 거쳐 뜨거운 열정과 에너지까지 얻었으므로 이제는 결과를 받을 차례입니다.

가슴 속에 잠들어 있던 어떤 잠재력을 일깨워내야 할 때일 수 있습니다. 타인의 메시지나 계시가 빌미가 될 수도 있으므로 주변에서 오는 신호를 잘 감지하고 있어야 합니다.

과거에 겪었던 상처 때문에 잠들어 있었던 내면의 어떤 부분을 이번 계기로 깨워내거나 살려

내야 한다고 합니다. 뭔가 오랫동안 준비하고 있었다면 어떤 식으로든 반응이 올 것입니다.

장애물(부정적 의미로 해석될 경우)일 때

- 운명적인 신호나 결정적인 계기만을 기다리느라 시간을 허비하고 있다.

- 극적이고 완벽한 동기에 의해 움직이는 것만이 전부라고 생각하는 이상주의자일 수 있다.

해결책일 때

- 운명의 부름을 받았으니 내면 깊숙한 곳에 잠들어 있던 능력을 깨워내는 것이 가능해진다.

- 군더더기 없는 솔직한 표현으로 소통을 시도하면 반드시 호응이 있다.

미래일 때

- 오랫동안 기다렸던 소식을 듣고 해묵은 감정을 해소하게 된다.

- 절대적이고 저항할 수 없는 요구를 받아 응하게 된다.

✦ 21번 : 세계(The World)

Keywords

완벽하게 이뤄진 결과물, 주변의 존경과 칭찬, 승리함, 사람들 앞에 나섬, 더 이상의 변화는 기대하기 힘듦.

Storytelling

월계관 속에서 자신을 완전히 드러낸 이가 춤을 추고 있습니다. 모든 존재가 우러러보는 가운데 승리를 만끽하고 있는 중입니다. 10번 Wheel of Fortune에서 열심히 공부하고 있던 존재들이 지금은 결과를 기다리는 듯 완성된 모습으로 한쪽을 응시하고 있습니다.

결과는 둥근 월계관으로 형상화되어 있습니다. 원의 시작과 끝은 무한대 모양의 빨간 매듭으로 묶여져 있어서 완성과 무한한 가능성을 동시에 나타내고 있습니다.

하지만 더 이상 나아갈 곳이 없습니다. 하나의 완성된 세상은 다시 처음으로 돌아갈 운명입니다. 무한대가 나타내는 뫼비우스의 띠처럼 빙빙 맴도는 수밖에 없습니다. 무한한 가능성도 이미 만들어진 월계관 속 세상에서만 유효합니다. 준비되었다면 둥근 월계관이 통로가 되어 다른 세상으로 인도할 것입니다. 그곳에서는 다시 0번의 세상이 시작됩니다.

Explanation

많은 사람이 바라보는 자리에 있게 될 것입니다. 연예인처럼 화려한 모습을 한 채 많은 관심을 받게 될 수도 있습니다. 일이나 프로젝트를 추진해왔다면 성공적으로 마무리 짓게 될 것이며 혹시 인간관계가 고민이었다면 새로운 단계로 나아갈 시기입니다.

사업을 했다면 더 이상의 확장은 무리일 수 있습니다. 지금까지 해 온 범위 안에서 가능성과 잠재력을 발휘하는 것이 안전하며 혹시 여력이 있다면 둥근 월계관이 하나의 문이 되어 다른 차원의 세상으로 인도하듯이 지금까지 해 온 것을 간직하고 다시 새로운 세상으로 나아가도록 분발하시기 바랍니다.

장애물(부정적 의미로 해석될 경우)일 때

- 이미 완성되어서 더 이상 진전되거나 발전할 가능성이 없다.
- 여태까지 해 온 것이 이미 최대한으로 결과를 내버려서 더는 기대할 것이 없다.

해결책일 때

- 주목받는 위치에 서서 자신의 능력을 마음껏 드러낸다.
- 지금까지 이루어놓은 이슈 중에서 최대한 결과물을 끌어내어 세상에 알리고 드러낸다.

미래일 때

- 한 세상이 완성되어 많은 이들의 주목을 받게 된다.
- 지금까지 이루어놓은 일이 완성되고 결과가 온 세상에 드러난다.

2. Minor 56 cards

마이너 카드는 4개의 상징(Suit)이 중심이 된 1번부터 10번까지의 카드와 4명의 인물을 그린 궁정(Court) 카드 4장으로 이루어져 있습니다.

마이너 카드들은 상황별로 직접적이고 명확한 의미가 담겨있어 메이저 카드만큼 많은 키워드가 담겨 있지는 않습니다. 메이저 카드와는 달리 전달하는 메시지가 확실한 편이라 이분법이나 흑백론에 치우치지 않도록 유연하게 전달하는 것이 중요합니다.

궁정(Court) 카드에는 왕과 여왕, 기사와 시종이 등장하는데 각각 신분과 위치에 따라 상징적으로 표현되어 있습니다. 시종은 궁정에서의 신분 상승을 위해 훈련하고 배워가는 초심자이며 기사는 왕과 여왕이 되기 위해 수련하고 있는 인물입니다. 여왕이나 왕 카드는 자신의 분야에서 성공하고 완성된 사람을 말합니다. 정신적으로나 사적인 분야에서 성공한 이를 여왕으로, 물리적이고 실제적인 성공을 이룬 모습은 왕으로 나타나 있습니다. 이는 각각의 분야와 위치를 의미하는 것이며 타로 리딩을 의뢰한 내담자의 성별과는 상관이 없습니다.

◆ 지팡이(Wand) Keywords

지팡이는 보호와 도움을 주는 도구입니다. 옛이야기 속에서 마법사가 지팡이를 써서 내면의 마력을 발휘하는 모습과 일치합니다. 현대에는 등산을 갈 때 몸을 잘 가눌 수 없어 미끄러지는 경우를 대비해 사용하는 등산용 스틱을 생각하면 이해가 빠를 것입니다. 그런 맥락으로 타로 카드에서의 지팡이는 '내면의 힘', '이야기', '잠재력의 발현'을 의미합니다.

(1) 지팡이(Wand) 1번

Storytelling

하늘에서 나온 손이 지팡이를 움켜쥐고 있습니다. 지팡이에는 갓 자란 새순들이 돋아나고 있는 거로 보아 생명력이 충만한 묘목을 말하는 것 같네요.

Explanation

주관적으로 온전히 내가 원하는 일을 새로 시작할 때입니다. 나의 이야기를 새로 써나갈 준비가 되었습니다,

장애물(부정적 의미로 해석될 경우)일 때
- 나의 주관적인 면에 치우쳐 다른 것이 보이지 않는다.

해결책 & 미래일 때
- 내 스타일로 확실하게 밀고 나간다.

(2) 지팡이(Wand) 2번

Storytelling

지구본을 손에 든 남자가 먼 곳을 응시하고 있습니다. 옆에 단단히 고정해 세워놓은 지팡이는 이미 자신의 분야에서 뭔가 성취했음을 말해줍니다. 하지만 한 발로 지탱하고 서 있는 모습은 아직 불안정해 보입니다. 다음 지팡이를 어디에 세울지 멀리 바라보는 모습에서 뭔가 계획하고 있음을 알 수 있습니다.

Explanation

자신의 분야를 좀 더 확장할 마음이 있음을 말합니다.

장애물(부정적 의미로 해석될 경우)일 때
- 아직 완전하지 않은 상태에서 다음 단계를 생각하고 있다.

해결책 & 미래일 때
- 지금까지 잘 해왔고 다음 단계로 충분히 나아갈 수 있다.

(3) 지팡이(Wand) 3번

Storytelling

먼 곳을 바라보고 있는 사람의 뒷모습이 보입니다. 뒷모습이라는 것은 누군가 이 사람을 바라보고 있음을 말합니다. 제일 앞에 서서 오른손으로 잡은 지팡이를 쥔 것은 무리의 우두머리임을 뜻합니다. 꼿꼿이 서 있는 다른 두 개의 지팡이는 그만큼 이 사람의 카리스마와 내적 힘이 강함을 의미합니다. 자신을 추종하고 따르는 이들이 지켜보는 가운데 저 멀리 바다를 건너 어디로 갈지 고민하고 있습니다.

Explanation

책임질 가족이 있거나 아랫사람을 챙겨야 하는 위치에 있을 수 있습니다. 그들을 이끌고 더 멀리 이동하거나 또는 새로운 목표로 나아가기 위해 심사숙고할 때입니다.

장애물(부정적 의미로 해석될 경우)일 때
- 챙겨야 할 것이 많은데 어디로 가야 할지 몰라 막막하다.
- 역량에 상관없이 지도자가 되고 싶어 한다.

해결책 & 미래일 때
- 카리스마 있고 책임감 있는 지도자로서 방향을 정해서 나아갈 때다.

(4) 지팡이(Wand) 4번

Storytelling

파티 혹은 잔치가 벌어지고 있습니다. 가운데 있는 사람들이 꽃다발을 위로 치켜들고 축하하고 있습니다.

거대한 크기의 지팡이를 세워놓은 것은 그만큼 훌륭하게 성공한 일이 있다는 뜻이며 화려한 꽃다발과 과일을 걸어놓은 것은 멀리서도 보고 축하해주기를 바라는 자랑스러움을 말합니다.

Explanation

좋은 일이나 자랑하고 싶은 일이 있을 때 현수막을 거는 것과 같은 모습입니다. 유명해지고 축하를 받고 즐거움이 가득한 모습입니다. 그런데 오른쪽에 있는 사람은 별로 즐거워 보이지 않습니다. 모든 사람이 다 이 상황을 즐기고 있는 것은 아닌 것을 알 수 있습니다.

장애물(부정적 의미로 해석될 경우)일 때
- 분위기에 휩쓸려 소외된 사람을 방치하게 될 수 있다.

해결책 & 미래일 때
- 이루어낸 결과를 세상에 마음껏 드러내고 알린다.

(5) 지팡이(Wand) 5번

Storytelling

소년들이 지팡이를 들고 겨루고 있습니다. 검을 들었다면 서로 해치기 위한 싸움이겠지만 지팡이를 들고 있으므로 수련이거나 혹은 놀이임을 알 수 있습니다. 검을 다루는(의무를 다하는) 어른이 되기 위한 성장 과정입니다.

Explanation

모두와 함께 가치 있는 미래를 위해 노력하고 있는 시간입니다. 요란하고 시끄럽고 어느 정도 다칠 수도 있지만 괜찮은 정도입니다. 성장하기 위한 과정이므로 해가 되지는 않습니다.

장애물(부정적 의미로 해석될 경우)일 때
- 당장 실속은 없고 시끄럽고 요란하고 성가신 시간만 보내게 된다.

해결책 & 미래일 때
- 성장을 위해 반드시 거칠 과정임을 인지하고 다소 거칠더라도 이 순간의 수행에 전념한다.

(6) 지팡이(Wand) 6번

Storytelling

개선장군이 되어 말을 타고 금의환향하고 있습니다. 당당하게 내 실력으로 이루었으므로 머리에도 월계관을 쓰고 있고 세상 사람들에게 월계관을 내보이기 위해 하늘 높이 걸어놓고 있습니다. 승자를 등에 태우고 가는 말만이 불쾌한 표정으로 돌아보고 있습니다.

Explanation

주관적인 실력으로 이룬 일이 성공을 거두는 모습입니다. 사람들이 칭송하고 있고 겸손한 모습으로 승리를 만끽하고 있지만 어쩐 일인지 앞을 보고 함께 나아가야 할 말이 뒤를 보며 불쾌한 눈으로 승자를 쏘아보고 있습니다.

장애물(부정적 의미로 해석될 경우)일 때
- 성공한 일에 대해 동료에게 제대로 된 보상을 하지 않아 화를 입을 수 있다.

해결책 & 미래일 때
- 저항하는 세력을 제압하고 성공을 쟁취할 것이며 많은 이들이 칭송하고 우러러보게 된다.

(7) 지팡이(Wand) 7번

Storytelling

어쩔 줄 모르는 표정으로 지팡이를 든 청년 앞에 여섯 개의 지팡이가 보입니다. 편안한 옷차림인 것을 보아 이 상황을 예측하지 못하고 급하게 달려 나온 것을 알 수 있습니다. 마구잡이로 달려드는 6개의 지팡이를 막으려고 하는 것 같기도 하고 내밀어 진 7개의 지팡이 가운데 급하게 한 개를 뽑아든 모습 같기도 합니다.

Explanation

위협이 되는 상황은 아닌 거로 보입니다. 긍정적인 제안을 여러 가지 받을 수도 있고 부정적인 사건이 생길 수도 있지만 어쨌든 예기치 않게 갑자기 들이닥친 여러 가지 개인적인 일로 당황할 수 있음을 말해주고 있습니다. 어떤 일을 골라 나머지를 해결해야 할 수도 있고 또는 가장 급한 일부터 골라 처리해야 할 수도 있습니다.

장애물(부정적 의미로 해석될 경우)일 때
- 예기치 못한 일들이 동시다발로 터져 나와 급하게 처리해야 한다.

해결책 & 미래일 때
- 기대하지 않았던 여러 가지 제안들이 갑자기 들어와 일복에 겨울 수 있다.
- 준비되지 않은 상태로 당황스러운 상황이 닥쳐올 수 있다.

(8) 지팡이(Wand) 8번

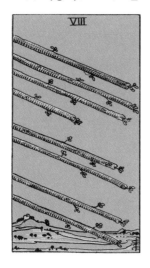

Storytelling

지팡이가 등장하는 14장의 카드 중에서 유일하게 인물이 등장하지 않는 카드입니다. 8개의 지팡이가 허공을 가로질러 날아가고 포물선의 막바지를 그리듯이 땅을 향해 내려오고 있습니다. 끝이 가까운 듯하지만, 지팡이들이 땅에 도달하는 그 순간까지는 할 수 있는 것이 없습니다.

Explanation

이미 손을 떠난 일은 결론이 날 때까지 기다립니다.

장애물(부정적 의미로 해석될 경우)
- 진행하는 일의 결과가 나오기 전까지 할 수 있는 게 없다.

해결책 & 미래일 때
- 지팡이가 허공을 향해 있지 않고 아래를 향해 있으므로 고민이 조만간 결론이 날 것을 암시하고 있다.

(9) 지팡이(Wand) 9번

Storytelling

지치고 힘들어 서 있을 힘조차 없어 지팡이에 기대어 있습니다. 상처를 입은 머리에는 붕대를 감고 있고 눈빛은 힘이 없습니다. 8개의 지팡이가 땅에 선 것을 보면 이미 끝난 일인 듯합니다. 여기까지 잘 이루어왔고 마지막 하나가 남았습니다. 혹은 이 상황을 타개하기 위해 내가 이룬 것 중에서 하나를 골라 든 모습일 수도 있습니다.

Explanation

지치고 힘들고 상처까지 입을 정도로 고통스러운 상황일 수 있습니다. 하지만 조금만 더 힘을 내야 할 시기입니다. 마지막으로 해결할 지팡이가 품에 있습니다.

장애물(부정적 의미로 해석될 경우)일 때

- 지치고 아픈 상황인데 아직도 해결할 일이 남았다.

해결책 & 미래일 때

- 고된 시간을 거쳐 이뤄온 일들이 이제 거의 막바지에 이르렀다.

(10) 지팡이(Wand) 10번

Storytelling

저 멀리 도착지가 보이는 가운데 힘겹게 10개의 지팡이를 지고 가는 이가 있습니다. 앞도 보이지 않을 만큼 일이 많네요. 다 본인이 원하는 만큼 벌여놓은 일이라 고되지만 묵묵하게 가고 있습니다.

Explanation

끝이 멀지 않았습니다. 그동안 자신의 의지에 따라 하고 싶었던 일들을 안고 오느라 지쳤지만, 그만큼의 결실이 기다리고 있습니다.

장애물(부정적 의미로 해석될 경우)일 때

- 본인이 벌여놓은 일이 지나치게 많았고 힘겨운 상태로 막바지를 향해 가고 있다.

해결책 & 미래일 때

- 그동안 힘들었지만 이제 그 종착지가 가까웠다. 일에 치여 그 끝이 눈에 보이지 않고 있지만 얼마 남지 않았다.

(11) 지팡이(Wand)-시종(Page)

Storytelling

아직 자신의 꼬리를 물지 못한(지혜의 완성을 이루지 못한) 도마뱀이 옷에 가득 그려져 있습니다. 아직 미숙한 초심자, 어린아이라는 뜻입니다. 사막에 나무를 심고 있는 다소 무모해 보이는 일을 하는 중입니다. 하지만 나무에는 이미 새순이 돋고 있고 표정이 매우 밝습니다. 나만의 나무를 훌륭하게 키워낼 의지와 희망이 가득합니다. 하지만 사막에서 나무가 자라려면 아직 신경 써서 해야 할 일이 많습니다.

Explanation

자신이 원하는 일에 모든 것을 쏟아붓는 열정 가득한 초심자입니다. 사막에 나무를 심는 것은 어려운 일이지만 아직 경험도 부족하고 미숙한 탓에 어떤 어려움이 올지 모르고 있습니다. 그런데 이 젊은이는 거인(巨人)입니다. 주변보다 훨씬 큰 몸을 가지고 있음은 능력이 출중함을 말합니다. 미숙하지만 앞날은 그다지 어둡지 않습니다.

장애물(부정적 의미로 해석될 경우)일 때
- 순진한 열정으로 자신이 원하는 일을 새로 시작하는 데 집중하느라 주변 상황을 보지 못하고 있다.

해결책 & 미래일 때
- 자신만의 나무를 심을 시기가 되어 온 힘을 다하며 희망적인 미래가 보인다.

(12) 지팡이(Wand)-기사(Knight)

Storytelling

중국의 고대에서 전해지는 이야기에 따르면 붉은색을 띠는 적토마(赤土馬)는 하루 천 리를 달린다고 하며 피땀을 흘린다고 해서 한혈마(汗血馬)라고도 했습니다. 엄청난 열정과 에너지를 가진 존재로 봅니다.

적토마가 하늘을 향해 두 발을 들고 솟구치고 있고 지팡이의 기사는 침착하게 이 말을 다루고 있습니다. 카리스마와 노련함을 갖춘 인물임을 알 수 있습니다. 어디로 가든 간에 이 인물이 향하는 곳에는 성공과 빛나는 미래가 있을 것이 분명합니다.

Explanation

카리스마를 갖춘 채 이동하는 모습입니다. 직장을 옮기거나 이사를 할 때 더 나은 곳으로 옮겨가는 흐름을 말해줍니다. 기사의 옷에는 막 자기 꼬리를 물기 직전인 도마뱀들과 이미 꼬리를 물고 완전한 원(지혜의 완성)을 이룬 도마뱀들이 새겨져 있습니다. 본인이 구하던 바를 거의 다 이룬 모습입니다.

장애물(부정적 의미로 해석될 경우)일 때
- 훌륭하게 이뤄내고 있지만 완성되지 않은 부분이 있다.
- 아직 완전하지 않은 상태임을 자각하지 못하고 일을 추진하게 될 수 있다.

해결책 & 미래일 때
- 몸담은 기관이나 단체 혹은 추진해 온 일이 성공 가도를 달리기 직전이다.
- 카리스마 있는 열정으로 돌진하면 원하는 바를 훌륭하게 완성하게 된다.

(13) 지팡이(Wand)-왕(King)

Storytelling

개척자로서 성공한 왕입니다. 완전한 지혜를 상징하는 꼬리를 문 둥근 도마뱀들이 왕의 망토와 왕좌에도 가득합니다. 그리고 실체를 가진 실질적인 지혜를 뜻하는 진짜 도마뱀 한 마리가 왕과 같은 곳을 바라보고 있습니다. 많은 것을 이미 이룬 왕이지만 사막에서 또 다른 먼 곳을 바라보며 계획을 세우고 있습니다.

Explanation

자신이 추구하던 바를 완성하고 그다음 단계로 새롭게 나아가는 상황을 말합니다. 이전에 이룬 것들로 인해 경험과 지식을 터득한 상태인 덕분에 무엇이든 두려움 없이 임할 수 있습니다.

장애물(부정적 의미로 해석될 경우)일 때
- 자신의 경험과 능력을 과신하여 무모하게 일을 추진할 위험이 있다.

해결책 & 미래일 때
- 성공적으로 다음 단계로 나아갈 준비가 되었다.
- 다음 단계는 처음부터 다시 시작해야 할 정도로 척박한 상황(사막)일 수 있으나 지금까지 이루어 온 지혜와 경험이 함께하기에 희망적이다.

(14) 지팡이(Wand)-여왕(Queen)

Storytelling

지팡이의 여왕은 다른 상징의 여왕들과는 달리 정면을 보며 앉아 있습니다. 남성들의 영역에서 당당하게 성공한 커리어 우먼을 뜻하기도 합니다. 다리를 벌리고 앉아있는 것은 자신감과 성적인 매력을 어필하고 있음을 말해주며 한결같은 마음과 생산력을 의미하는 커다란 해바라기를 들고 있습니다. 발 앞에는 영적이고 정신적인 도움을 주는 검은 고양이가 정면을 보며 앉아있고 오른쪽 아래에 검은 땅이 보입니다. 여왕은 자신이 가꾸어온 사막을 뒤로하고 보살핌과 생명력이 필요한 고난의 땅을 측은한 눈으로 바라보고 있습니다.

Explanation

따뜻한 카리스마를 가진 지도자입니다. 고난에 빠진 이를 잘 외면하지 못하고 돕습니다. 무엇이든 세심하게 보살피며 예술적이고 영적인 감각이 발달해 있을 가능성이 높습니다.

장애물(부정적 의미로 해석될 경우)일 때
- 한계를 인지하지 못하고 막 퍼주는 사람일 수 있다.
- 고난에 빠진 이를 필요 이상으로 신경 쓰며 돌본다.

해결책 & 미래일 때
- 따뜻한 카리스마로 힘든 상황을 감싸 안으며 영적인 혜안을 갖추고 고난을 극복해 나간다.

♦ 검(Sword) Keywords

중세 시대의 검은 군인들의 도구였습니다. 검을 사용하는 것은 군인들의 의지와 상관없었습니다. 그저 지키고 보호하는 임무를 수행하기 위해 때로는 적을 해치우는 것이 의무이자 숙명이었습니다. 타로 카드에서의 검은 그런 의미를 담아 '거부할 수 없는 의무', '반드시 해야 할 일'을 뜻합니다. 관계에서 의무나 책임은 보편적인 원리와 원칙을 뜻하기도 합니다. 카드 속에서 검의 손잡이가 위로 향하고 바닥을 향한 모습은 해당하는 의무와 임무가 완료된 상태를 의미합니다.

(1) 검(Sword) 1번

Storytelling

하늘에서 뻗어진 손이 검을 쥐고 있고 검의 끝에는 승리를 뜻하는 왕관과 월계수가 늘어져 있습니다. 의무와 해야 할 일의 범위를 넘어 승리와 쟁취를 말하고 있습니다.

Explanation

업무에서 맡은 프로젝트나 학교 과제 등 꼭 해야만 하는 일이고 의지와 상관없이 의무적으로 맡은 일일 수는 있지만, 결과가 좋을 뿐만 아니라 신분 상승이나 공을 세우는 등의 수준으로 결과가 매우 훌륭할 것임을 말해주고 있습니다.

장애물(부정적 의미로 해석될 경우)일 때
- 의무와 일을 행함에 있어 성공에 대한 야망 등 사적인 욕구로 마음이 흔들려 일을 그르칠 수 있다.
- 지나치게 큰 목표가 걸려있는 일을 맡게 되어 마음에 부담이 생길 수 있다.

해결책 & 미래일 때
- 사적인 마음을 배제하고 업무적인 태도를 유지하도록 한다. 과감하게 결단하며 일을 진행해가면 성공적인 결과를 맞이할 수 있다.

(2) 검(Sword) 2번

Storytelling

눈을 가린 이가 두 자루의 검을 각각의 손에 쥐고 있습니다. 검의 날이 그림을 벗어나 있을 정도이니 매우 무거울 것이 짐작됩니다. 둘 다 쥐고 있기에는 버거울 것이 분명하므로 하나를 내려놓아야 할 것입니다. 이대로 버티다간 둘 다 놓쳐버릴 수도 있습니다.

Explanation

당장 양자택일의 결단을 내려야 하는 갈등에 직면해 있음을 말해 줍니다. 눈을 가리고 있기에 사적인 감정이나 다른 여건은 고려할 수 없고 검 그 자체의 무게에만 집중해서 선택해야 합니다.

장애물(부정적 의미로 해석될 경우)일 때
- 당장 어느 한쪽을 선택해야 하는 상황인데 결심이 쉽지 않고 시간은 부족하다.

해결책 & 미래일 때
- 사사로운 감정이나 다른 여건을 고려할 필요 없이 주어진 일에만 오롯이 집중하여 빠른 결정을 내려야 한다.

(3) 검(Sword) 3번

Storytelling

심장에 3자루의 검이 박혀 있습니다. 많이 아프고 고통스러울 것입니다. 눈물처럼 느껴지는 비가 내리고 있고 하늘에 먹구름이 가득합니다. 상처받은 마음을 나타내고 있습니다. 이 상처는 사사로운 감정이나 자신의 야망 때문이 아닌 전적으로 일과 의무로 인한 것입니다. 관계의 배신이나 추진하던 일에서의 타격을 말합니다.

심장에 계속 검이 박힌 채로 살 수는 없으니 어떻게든 치유되어야 합니다. 함부로 건드리거나 잡아 뽑으면 더 상처가 커질지도 모릅니다.

Explanation

상처받았음을 받아들이고 매우 고통스러운 상황임을 알아달라는 호소가 들어 있는 카드입니다. 충분히 애도하는 마음이 필요합니다.

장애물(부정적 의미로 해석될 경우)일 때
- 상처와 고통이 너무 커서 지금은 아무 생각도 할 수 없고 어떤 해결책도 받아들일 수가 없다.

해결책일 때
- 상처받았음을 먼저 알아야 다음 단계로 갈 수 있다.
- 충분히 애도하고 슬픔을 겪는 시간이 필요하다.

미래일 때
- 배신당하거나 상처받는 일이 생길 수 있다.

(4) 검(Sword) 4번

Storytelling

나는 이만큼이나 이루었노라 하고 벽에 세 자루의 검을 걸어놓았습니다. 이제는 좀 쉬어도 될 때이므로 누워서 쉬면서 에너지를 충전 중입니다. 경건한 마음으로 쉼에 집중하고 있느라 손은 기도하듯이 모여 있습니다. 신의 가호가 함께하고 있음을 벽면에 있는 스테인드 글라스의 그림으로 알 수 있습니다. 침상 밑에 가장 중요한 검은 넣어두고 있습니다. 정말 이루어야 하는 중요한 일은 아직 힘이 부족해 이루지 못하고 있다는 의미입니다.

Explanation

많이 지쳐 있는 상태여서 휴식이 필요함을 이야기하고 있습니다. 지금까지 이루어온 것들에 비해 앞으로 다룰 일은 훨씬 더 중요한 일이 될 것이라서 일단 보류하고 충분히 휴식을 취해서 기력을 회복한 뒤에 처리해야 합니다.

장애물(부정적 의미로 해석될 경우)일 때
- 재정비가 필요할 정도로 심하게 지쳐 있어 휴식이 필요하다.

해결책일 때
- 지금까지 이루어온 일보다 훨씬 중요한 일이 생길 수 있으나 지금 상태로는 감당하기 힘들므로 보류하고 휴식을 취한다.

미래일 때
- 재충전과 휴식의 시간을 가진다.

(5) 검(Sword) 5번

Storytelling

어이없는 듯 보이기도 하고 쓸쓸한 미소를 짓고 있는 이가 검을 세 자루 들고 있습니다. 뒤돌아서 떠나고 있는 이들은 자신의 검을 포기한 상태입니다. 결투에서 승리했거나 논쟁에서 이긴 모습이지만 즐거워 보이지는 않습니다.

Explanation

크게 손실을 보거나 다툼에서 패배하지는 않지만, 주변 사람과의 관계는 망가져 버린 모습입니다. 업무적으로 또는 의무적으로 결과물을 확실히 챙겨야 하지만 성과에 대해 행복하지도 즐겁지도 않습니다.

장애물(부정적 의미로 해석될 경우)일 때
- 일에 관련된 다툼이나 갈등이 있고 불편하고 쓸쓸한 승리를 거두게 된다.

해결책일 때
- 속이 상하더라도 버릴 것은 버리고 취할 것은 확실히 취하도록 마음을 다잡는다.

미래일 때
- 일이나 주어진 의무로부터 성과를 거두게 되나 주변 사람과 갈등이 있다.

(6) 검(Sword) 6번

Storytelling

6개의 검이 임무를 완수한 듯 거꾸로 배에 세워져 있습니다. 해당하는 일을 마친 후 승객인지 아니면 자신이 부양할 가족인지 모를 이들을 안전하게 배에 태운 뱃사공이 보입니다. 그동안 거친 물결 속에서 임무를 완수하느라 고생한 덕분에 이제는 잔잔한 물결이 이는 곳에서 편안하게 나아갈 수 있게 되었습니다.

Explanation

지금까지 해 온 고생스러운 결과를 편안하게 받아들일 수 있는 때입니다. 상황이 더 편안하게 전환되어 감을 나타냅니다. 빠른 속도로 진행되지는 않지만, 점차 나아지고 있기에 기다리며 끈기 있게 상황을 버텨가야 합니다.

장애물(부정적 의미로 해석될 경우)일 때
- 많은 고난을 이겨내고 조금씩 나아지고 있지만 아직은 갈 길이 멀다.

해결책 & 미래일 때
- 고난은 끝나고 좋은 시간이 찾아오므로 진득하게 지금 이대로 버텨간다.

(7) 검(Sword) 7번

Storytelling

검을 거꾸로 들고 눈을 감은 채 신나게 발길을 옮기는 사람입니다. 약삭빠르고 손재주가 좋은 도둑으로 보는 사람도 있고 군대에서 무기를 관리하는 기술자라고 보는 사람도 있습니다.

어느 쪽이든 이 사람은 칼날을 손으로 잡고 두 눈을 감고 다닐 정도로 능력이 출중해 보입니다. 자신의 분야에서 최고의 기술을 가지고 있어서 즐거워하면서 상황을 자유자재로 이끄는 캐릭터이며 이미 거꾸로 세워진 두 자루의 검은 임무가 훌륭하게 완수되었다는 의미입니다.

하지만 지나친 자기 과신은 화를 부릅니다. 자기 과신에서 비롯된 다소 거만하고 오만한 행동이 곧 자신에게 해가 되는 결과로 돌아올 수도 있습니다.

Explanation

실력과 재주가 출중하며 자신의 분야에서의 기술은 더할 나위 없이 훌륭합니다. 그러나 신분이 그다지 높지 않게 묘사된 것은 다소 행운과 요행에 기대어 잔꾀를 부리는 수준에 머물러 있었음을 말하기도 합니다(검 두 자루가 거꾸로 놓였듯이). 지금까지는 잘 진행됐으므로 지금부터는 눈을 뜨고, 검을 고쳐 들고, 제대로 절차를 밟아 차근차근 일을 진행해 나가면 좋을 것입니다.

장애물(부정적 의미로 해석될 경우)일 때
- 요행과 운에 의해 이뤄진 일이 점점 한계를 드러내고 있는데 본인은 모르고 있다.
- 자신의 재주를 과신한 나머지 많은 의무에 치여서 서투르고 어설프게 나아가다가 다치거나 일을 그르칠 위험이 있다.
- 지금의 방법을 계속해서 유지해 나가다가는 곤란해질 수 있다.

해결책 & 미래일 때
- 노련한 기술자이며 손재주가 많으므로 어려운 상황도 너끈히 감당해낼 수 있고 심지어 즐겁기까지 하다.

(8) 검(Sword) 8번

Storytelling

지금까지 훌륭하게 처리해 온 일들이 당당하게 거꾸로 선 검으로 표현되고 있습니다. 땅에는 물이 차오르고 있으므로 빨리 이동해야 합니다. 두 눈을 가리고 몸이 묶인 채이지만 느슨하게 풀어져 있습니다. 본인이 직접 묶고 눈을 가린 것을 알 수 있습니다. 충분히 괜찮으면서 너무 힘들어서 더는 못하겠다고 엄살을 피우는 중입니다. 여기서 이러고 있을 시간은 없으므로 이 행동은 곧 강제로라도 끝나게 될 것입니다. 소위 말하는 피해자 코스프레를 하며 힘든 자신을 달래고 있는 중입니다.

Explanation

여지껏 잘해 왔는데 성과를 충분히 인정해주지 않거나 스트레스가 쌓이면 엄살을 부리듯 고르게 되는 카드입니다. 몸과 눈이 자유로우면 다시 검을 들고 고된 임무를 수행해야 합니다. 오죽하면 스스로 한계를 지어버리는 연극을 할까 싶지만, 혹시 충분히 괜찮은 상황인데 스스로 작은 어려움을 확대해석하고 있는 것은 아닌지 지금의 두려움이 과장된 것은 아닌지 차분히 돌아볼 필요가 있습니다.

장애물(부정적 의미로 해석될 경우)일 때
- 피해자 코스프레를 하고 있다.
- 걱정이 많고 소심한 마음 때문에 충분히 괜찮은 상황을 힘들게 과장하고 징징거리며 엄살을 부린다.

해결책 & 미래일 때
- 잠시 쉬면서 징징거리고 엄살을 피우며 시간을 보낸다.
- 어차피 조금 있다가 다시 정신 차리고 제자리로 돌아가게 될 것이므로 이 순간 지쳐 있는 자신을 돌본다.

(9) 검(Sword) 9번

Storytelling

감당해야 할 임무와 의무가 너무나 많아서 새벽까지 잠을 못 이루고 괴로워하는 사람이 있습니다. 하지만 이 사람의 환경을 보면 왕족이거나 최소한 신분이 높은 귀족입니다. 다른 사람에게 시키거나 일을 나눌 수도 있을 텐데 그렇게 하지 않고 본인이 다 감당하려고 합니다. 남에게 뭔가 시키는 것을 꺼리는 완벽주의자입니다. 혹은 최근에 업무나 학업에 관련되어 자신이 한 일 또는 해야 할 일이 부담되어 고민하는 모습이기도 합니다. 스트레스가 마음의 병으로 발전하기 전에 막을 수 있도록 마음을 유연하게 가져야 할 때입니다.

Explanation

스트레스가 엄청나게 쌓여 있는 모습입니다. 하고 싶다 또는 하기 싫다는 마음이 전혀 상관없을 정도로 무조건 해야 하고 끝내야만 하는 임무와 의무가 겹겹이 쌓여 괴로운 상황입니다. 밤에 홀로 깨어 머리를 감싸고 있음은 소통할 대상도 없고 이 고통을 알아줄 사람도 없는 외로운 상황을 말합니다. 그러나 이 사람은 이 모든 것을 충분히 감당할 능력이 있는 왕족 내지는 귀족입니다. 자신의 짐을 함께 나눌 사람이 분명히 있을 것이므로 너무 자신을 압박하는 마음을 내려놓을 필요가 있습니다.

장애물(부정적 의미로 해석될 경우)일 때
- 스트레스에 눌려서 강박, 불면, 우울, 죄책 등의 부정적인 감정으로 삶의 질이 저하되어 있다.
- 엄청나게 밀려드는 일거리로 생활에 지장이 있을 정도로 고민하게 된다.

해결책 & 미래일 때
- 스트레스와 감당할 의무로 짓눌려 있지만 감당할만한 능력이 있는 완벽주의자이고 주변에 조력자도 있으므로 유연한 대처가 필요하다.

(10) 검(Sword) 10번

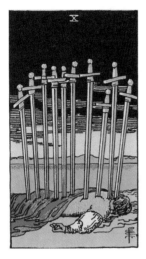

Storytelling

열 개의 검에 상처를 입은 사람이 쓰러져서 바다를 보고 있습니다. 바다 저 멀리에는 동이 터오고 있습니다. 열 개의 검으로 공격을 받았지만 죽지 않은 것은 이 사람의 얼마나 치열하고 강인하게 맞서 싸웠는지를 말해줍니다. 결국, 쓰러지기는 했지만, 밤은 이미 지났고 새벽이 밝아오고 있습니다. 어쨌거나 검은 모두 거꾸로 섰습니다. 녹초가 되어 번아웃이 오고 죽은 듯이 쓰러지긴 했지만, 곧 이 상황은 끝이 납니다.

Explanation

정말 힘든 상황에 처해 있는 모습입니다. 여러 가지 의무와 해야 할 일에 짓눌려서 쓰러진 데다가 깊은 상처까지 입고 있습니다. 다행인 것은 모든 주어진 일을 완수했다는 것입니다.

아직 삶이 끝난 것이 아닙니다. 곧 날이 밝아올 것이고 이 지긋지긋한 고통의 시간이 끝나게 됩니다. 속된 말로 '존버'할 시간입니다.

장애물(부정적 의미로 해석될 경우)일 때
- 최선을 다했지만 결국 쓰러져버렸고 아무것도 할 수 없이 결과를 기다리고 있다.

해결책 & 미래일 때
- 치열하게 잘 버텼지만 죽을 만큼 힘든 시간이다. 이제 상황은 곧 끝날 것이니 상처 입은 자신을 추스르고 다독일 준비를 한다.

(11) 검(Sword)-시종(Page)

Storytelling

바람이 불어 머리카락이 흩날리고 있고 구름도 움직이고 있는 가운데 착잡한 표정으로 검을 든 아이가 먼 곳을 응시하고 있습니다. 검이 의미하는 의무와 책임이 너무 커서 미처 다 표현되지 못하고 그림을 벗어나 있습니다. 어설프게 새롭게 뭔가 시작한 모습입니다. 이걸 어떻게든 해봐야겠는데 어쩌지 잘할 수 있을까 심란하고 긴장된 마음이 가득합니다. 그런데 나무와 산의 크기를 보면 보통 크기의 사람이 아니라 거인(巨人)입니다. 본인이 감당할 수 있는 크기를 본인이 정확히 알지 못하는 거대한 능력의 소유자임을 말합니다.

Explanation

하기 싫어도 해야 하는 일이 시작되었습니다. 할 수는 있는데 정말 마음이 내키지 않습니다. 어쨌든 해야 하는 일이라면 지금 내가 어떤 모습으로 있는지를 아는 것이 도움됩니다. 충분히 해낼 수 있는 능력이 있습니다. 어설프고 긴장되고 불안할 수는 있지만, 불가능하거나 능력부족으로 쓰러질 상황은 아닙니다.

장애물(부정적 의미로 해석될 경우)일 때
- 처음 해 보는 일이라서 서툴고 어리숙하고 긴장된다.

해결책 & 미래일 때
- 새로운 시작에 앞서 두려움은 당연한 것으로 여기고 아직 내가 모르는 능력이 있으므로 현재 가진 능력과 가능성에 집중한다.
- 상황에 맞춰 일하는 데 적응하기 시작해야 한다.
- 내가 할 일은 확실하니 그대로 따르면 된다.

(12) 검(Sword)-기사(Knight)

Storytelling

하늘의 구름이 흩날리고 백마가 숨을 헐떡일 정도로 질주하는 기사가 있습니다. 한 손에는 검을 높이 들고 기합을 넣으며 박차를 가합니다. 이렇게 돌진하는 기사는 늘 전쟁에서 공을 세우고 실패하는 법이 없습니다. 공격적이고 진취적이며 용감하지만 정작 검을 쥔 손에는 장갑을 끼는 것을 잊을 정도로 허당인 면이 있습니다. 심지어 얼굴을 보호하는 투구도 제대로 내리지 않았습니다. 늘 바쁘게 돌아다니고 추진력은 있고 리더쉽도 강하지만 항상 뭔가 하나씩 빠뜨리는 덜렁대는 면이 있습니다. 실컷 임무를 수행하고도 그만큼의 인정을 못 받거나 작은 실수로 웃음거리가 될 수 있어 조심해야 합니다.

Explanation

엄청나게 바쁜 상황이며 지나치게 상황에 치이느라 중요하고 기본적인 부분을 꼼꼼하게 챙기지 못하는 허점이 드러납니다. 바람이 불어닥치는데 눈을 보호하지 못하면 앞을 잘 볼 수 없어 말이 달리는 방향이 어긋나고 검을 쥔 손을 보호하는 장갑이 없으면 결정적인 순간에 검을 놓치거나 손을 다칠 수 있습니다. 급할수록 돌아가라는 말을 늘 기억해야 합니다.

장애물(부정적 의미로 해석될 경우)일 때
- 준비되지 않은 상태에서 바쁘게 일을 추진하고 치이느라 중요한 몇 가지를 빼먹고 실수할 수 있다.

해결책 & 미래일 때
- 이가 없으면 잇몸으로 해결한다. 부족한 점이 드러날지라도 추진력과 능력으로 감당해낼 수 있다.

(13) 검(Sword)-왕(King)

Storytelling

한 손에 검을 들고 당당한 자세로 거대한 왕좌에 앉아 있습니다. 가볍게 쥔 주먹과 표정 및 눈빛 어느 것 하나 반듯하지 않은 것이 없습니다. 하늘에는 두 마리의 새가 날고 있는 것은 대인관계가 늘 균형을 이루는 것을 말합니다. 앞에 오는 게 누구든지 간에 상대하여 제압할 자신이 있으므로 검을 쥐고 있는 자세도 매우 안정되어 있습니다.

Explanation

자신의 분야에서 실제로 1등을 차지한 사람을 말합니다. 엄격하고 이성적이며 논리적인 카리스마를 갖춘 완벽한 리더입니다. 보수적이고 냉정한 면이 있습니다. 공정하고 규칙을 준수하지만 지나치면 독단적이고 독재적이며 타인을 무시하고 본인의 가치관만을 내세우게 될 수 있습니다.

장애물(부정적 의미로 해석될 경우)일 때
- 고집불통 독불장군. 항상 최고로 잘 해왔기에 본인 말만 옳다고 생각한다.

해결책일 때
- 이성적이고 논리적인 원리 원칙주의가 상황을 타개할 수 있다.

미래일 때
- 본인의 능력으로 1등 자리에 오르게 될 것이다.

(14) 검(Sword)-여왕(Queen)

Storytelling

권력을 거머쥔 여성입니다. 하늘에는 오직 한 마리의 새가 날고 있는 것으로 보아 외로운 마음을 알 수 있습니다. 힘 있는 남성이나 타인의 도움 없이 스스로 길을 개척하여 최고의 자리에 이른 여장부입니다. 누구든지 오라며 손짓을 하고 있습니다. 어떤 난관이든 홀로 타개할 수 있다는 비장한 결단력과 자신감이 충만합니다.

Explanation

유리 천장을 깨고 나갈 수 있는 능력을 가진 여장부를 말합니다. 늘 최고의 자리에 앉아 있지만, 이 때문에 또한 외로울 수 있습니다.

장애물(부정적 의미로 해석될 경우)일 때
- 고독한 여장부. 타인과 대립하는 관계에 있어서 혼자 처리해야 하는 일이 많다.

해결책일 때
- 지적이고 부드러운 카리스마와 냉철한 결단력으로 상황을 성공적으로 이끈다.

미래일 때
- 원하는 것을 성공적으로 이룰 것이나 주변 사람들과 친밀하기는 힘들다.

✦ 컵(Cup) Keywords

컵은 액체를 담는 도구입니다. 타로 카드에서의 물은 원하는 일, 갈구하는바 등 잠재의식 속의 마음 상태를 의미합니다. 컵이 출렁거리거나 흔들리는 것은 마음이 어지럽거나 불안함을 나타내고 컵이 채워지는 것은 감정의 풍족함과 내적 만족을 의미합니다.

(1) 컵(Cup) 1번

Storytelling

컵에 담긴 물이 흘러넘치고 있습니다. 멀리서 날아온 비둘기가 가지고 온 신호를 받으면서 물은 더욱 넘쳐 흐릅니다. 하늘의 손이 컵을 움켜쥐거나 잡거나 하지 않고 경건하게 받쳐 든 것은 배려와 겸손의 마음으로 존중하는 모습입니다.

뒤집힌 M과 비둘기를 종교적으로 해석해서 성경과 전령이라고 보는 시선도 있으나 좀 더 광범위하고 일반적인 의미로는 영적인 각성과 멀리서 오는 좋은 소식으로 봅니다. 다섯 가지의 물줄기는 다섯 가지 감각(五感)이 깨어남을 뜻하고 새로운 방식으로 세상을 다시 느끼게 하는 각성을 의미합니다.

Explanation

영감을 받아서 삶을 보는 새로운 가치관을 갖게 될 수 있습니다. 지고지순한 사랑에 빠지거나 순수하고 아름다운 관계가 시작될 것을 암시하고 있기도 합니다.

장애물(부정적 의미로 해석될 경우)일 때
- 한꺼번에 쏟아지는 감정이 너무 강해 조절에 실패하여 받아들이지 못하고 낭비하게 된다.

해결책 & 미래일 때
- 마음이 충만하고 만족스러운 상태에서 새로운 관계를 시작하게 된다.

(2) 컵(Cup) 2번

Storytelling

연인인지 부부인지 아니면 지금 부부의 인연을 맺고 있는지도 모르는 남녀가 가까이 서 있습니다. 서로의 마음이 담긴 컵을 교환하면서 서로를 더 깊이 이해하고자 합니다. 이 관계를 지켜보는 이들은 위대한 존재들입니다. 날개를 단 사자는 하늘과 땅에서 모두 강력한 존재이고 지혜를 상징하는 두 마리의 뱀이 몸을 꼬아서 이 관계를 신중하게 지켜보고 있습니다.

Explanation

사업적인 계약이 이루어지거나 결혼이 성사되는 모습입니다. 소통이 원활하고 서로에게 부족한 부분과 필요한 부분을 효율적으로 채울 수 있습니다. 이 관계는 권위 있고 위대한 존재들로부터 보호받게 되며 견고하게 유지됩니다.

장애물(부정적 의미로 해석될 경우)일 때
- 의지가 아닌 강제로 계약이나 관계를 맺거나 강압적인 환경에 의해 충분히 만족할 조건이 아닌데도 허락하게 된다.

해결책 & 미래일 때
- 합법적이고 우호적인 관계를 맺거나 판결을 받을 수 있으며 혹은 영업, 사업 등에 있어 계약이나 약속을 하게 된다.

(3) 컵(Cup) 3번

Storytelling

여성을 세 명으로 본다면 즐거운 파티 중인 모습입니다(남성과 여성 둘로 본다면 삼각관계의 시작이라고도 할 수 있습니다). 컵을 높이 치켜들고 사뿐사뿐 춤을 추면 컵 속에 담긴 물은 잔잔하게 출렁이며 세상을 담아냅니다. 소통이 원활하고 마음이 즐거운 시간을 보내고 있습니다.

Explanation

풍요로운 과일과 식물이 가득한 가운데 화려한 옷을 갖춰 입은 세 사람이 춤을 춥니다. 불안정한 연인 사이를 비춰낼 때는 상대방이 외도를 하고 있음을 암시하는 카드이지만 대부분은 즐거운 축제나 파티를 의미합니다.

장애물(부정적 의미로 해석될 경우)일 때
- 삼각관계가 시작될 수 있다. 대인 관계에서의 껄끄러움이 있어 당장은 좋아 보여도 불화와 대립의 불씨가 될 수 있다.

해결책 & 미래일 때
- 파티를 열고 행복한 만남의 시간을 가지며 원활한 소통으로 인한 즐거운 시간을 갖는다.

(4) 컵(Cup) 4번

Storytelling

하늘이 내미는 컵을 영 못마땅한 표정으로 대하는 사람이 있습니다. 이미 같은 컵을 세 개나 가지고 있어서 새로운 것을 원할 수도 있고 지금 이 상황을 더 변화시키고 싶지 않은 마음일 수도 있습니다.

Explanation

불만족과 식상 했음을 나타냅니다. 기존에 하던 반복되는 일이 지루해서 마음이 답답하거나 변화의 조짐이 보이지 않는 마음에 대해 질려버렸을 수도 있습니다. 또는 지금 현재의 상태를 유지하고 싶은 욕구를 말하기도 합니다. 3은 안정된 숫자를 말하는데 하나를 더하여 다시 균형을 다시 잡아야 하는 번거로움이 귀찮거나 부담스러운 상황입니다.

장애물(부정적 의미로 해석될 경우)일 때
- 더는 원하지 않는데 자꾸만 추가되는 것이 있거나 혹은 똑같이 반복되는 상황에 질려버렸다.
- 원치 않는 기존의 일이 반복되어 불편한 상황을 만날 수 있다.

해결책일 때 & 미래일 때
- 안정된 상태를 유지하고자 하는 욕구를 존중한다.
- 불만족스러운 상황에 대해 과감히 거절하고 싫은 의사를 밝힌다.

(5) 컵(Cup) 5번

Storytelling

슬픈 뒷모습을 보이는 사람이 있습니다. 3개의 컵이 엎어져서 내용물이 모두 쏟아졌습니다. 엎질러진 물은 더 이상 소용이 없고 다시 담을 수도 없으니 지금 할 수 있는 것은 마음껏 슬퍼하며 상황에 대해 애도하는 것밖에 없습니다. 사실 그래도 되는 이유는 정작 필요한 컵 2개는 미리 챙겨서 뒤에 안전하게 마련해두었기 때문입니다.

Explanation

슬프고 괴로운 상실의 순간이나 분명 남은 것이 있다는 메시지를 전하고 있습니다. 과거의 미련이나 이루지 못한 일에 대한 실망과 슬픔은 분명히 존중받고 애도 받아야 할 감정이므로 충분히 젖어들더라도 남은 것이 있음을 잊지 말아야 합니다.

장애물(부정적 의미로 해석될 경우)일 때
- 잃은 것이 남은 것보다 커서 마음이 괴롭다.
- 원치 않는 기존의 일이 반복되어 불편한 상황을 만날 수 있다.

해결책일 때
- 애도와 슬픔의 시간을 충분히 갖고 남은 것을 챙긴다.

(6) 컵(Cup) 6번

Storytelling

어린아이 두 명이 서로 마주 보며 즐거워하고 있습니다. 멀리에 보이는 어른은 손에 무기를 들고 안전을 보장하고 있으므로 지금 이 아이들은 아무 걱정과 의심 없이 동심과 천진난만한 순수함에 젖어들어도 됩니다. 좋아하는 마음과 서로를 위하는 마음이 가득합니다. 한쪽 발과 한쪽 팔만이 드러난 것은 서로에게 위안이 되고 필요한 존재임을 말해줍니다. 기꺼이 서로에게 부족하고 필요한 것을 주고받는 이상적인 관계입니다.

Explanation

순수한 초심을 상기시키는 카드입니다. 어른이 되어가면서 잊히고 심지어 오염되기는 했을지라도 누구나 순수한 어린 시절을 가졌던 경험이 있습니다. 아낌없이 도움을 주고받고 서로의 행복을 비는 시너지 효과를 부르는 순수한 마음을 기억하라는 메시지입니다.

장애물(부정적 의미로 해석될 경우)일 때
- 세상 물정 모르고 미숙한 어린아이와 같은 순수함이 방해가 된다.

해결책 & 미래일 때
- 순수함에서 나오는 힘을 믿고 초심으로 돌아가 생각하고 행동한다.

(7) 컵(Cup) 7번

Storytelling

7개의 컵에는 각각 다른 존재들이 담겨있습니다. 왼쪽 아래에서부터 오른쪽으로 탑과 보물, 월계관, 신화 속의 용이 있고 그 바로 뒤에는 뱀, 가운데에는 흰 천을 덮어쓴 미지의 존재, 그리고 그림 왼쪽 상단에는 눈을 감은 인물의 두상이 보입니다. 뒷모습만 보이는 사람은 이 7개의 컵을 놓고 어쩔 줄을 모르고 섰습니다. 모든 것은 한낱 꿈처럼 구름 위에 얹어져 있기에 사라져 버리기 전에 어떤 컵을 집어 들어야 할지 마음이 심하게 요동치는 중입니다.

Explanation

카드는 명확하게 선택의 어려움을 말하고 있습니다. 평소에 마음으로 원하던 것이 눈앞에 나타났을 때 정말 단숨에 그것을 집어 들 수 있을지, 진심으로 그만큼 간절했는지 자신을 다시 한번 돌아보게 됩니다.

장애물(부정적 의미로 해석될 경우)일 때
- 다양한 선택지 앞에서 갈등이 생겨 갈팡질팡하게 된다. 또는 허황된 꿈속에서 가능성이 없는 선택지를 놓고 비현실적인 고민을 한다.

해결책일 때
- 눈으로 보고 단숨에 끌리는 것과 마음속 깊이 원하던 것을 구분하는 지혜를 구해야 한다.

미래일 때
- 많은 선택지가 한꺼번에 밀려와 갈팡질팡하게 된다.

(8) 컵(Cup) 8번

Storytelling

달의 표정이 측은해 보이기도 하고 무관심하거나 냉정해 보이기도 합니다. 달이 내려다보는 아래에는 붉은 옷을 입은 남자가 힘겹게 지팡이를 짚고 발길을 옮기고 있습니다. 열정은 있는데 많이 지쳐있어 보입니다. 앞에는 이 사람이 쌓은 듯한 8개의 컵이 있습니다. 한 칸이 비어 있는 형태입니다. 마지막 한 칸을 채우기 위해 다른 곳으로 가는 걸까요, 아니면 여기까지가 내 한계로구나 하고는 한숨 쉬며 영영 떠나가 버리는 걸까요? 채우기 위한 발걸음은 힘겨워도 이 작업이 곧 끝날 것이라는 기대감으로 채워져 있을 것이고 두고 떠나는 마음은 시원섭섭함과 착잡함이 뒤섞여 있겠습니다.

Explanation

마음을 채워오던 일이 이제 막바지입니다. 마지막 한 칸을 채워서 끝낼 수도 있고 미완성인 듯 보여도 여기서 마무리 지을 수 있을 겁니다. 어느 쪽이든 주변에서 따뜻하게 지지해주거나 도와주는 이는 없습니다. 외롭고 고독한 여정입니다.

'조금만 더 가면 돼, 나는 이만큼 해왔어', 아니면 '이제는 이런 마음을 채우기 위해 애쓰지 않겠어', 어느 쪽이든 이 상황에서 벗어나야 한다는 마음은 변함이 없네요.

장애물(부정적 의미로 해석될 경우)일 때
- 계속해서 발목을 잡는 불편한 일이 남아 있다.

해결책 & 미래일 때
- 어떤 마음이든 간에 이제는 이 상황에서 벗어나게 된다.

(9) 컵(Cup) 9번

Storytelling

'이만하면 된 거다', 하고 생각하고 있는 흡족한 표정의 남자가 자신만만한 미소를 지으며 앉아 있습니다. 여지껏 채워온 9개의 컵이 진열대 위에 자랑스럽게 둘러 놓여 있습니다. 그토록 염원하던 일이 이제 곧 성취될 모양입니다.

Explanation

지금까지 해 온 것들이 존재감 확실하게 드러나고 있습니다. 열심히 한 결과가 이제 곧 드러날 것이고 이에 대한 기대감이 높습니다.

장애물(부정적 의미로 해석될 경우)일 때
- 지금까지 노력한 결과에 대해 지나친 기대를 하고 있다.

해결책 & 미래일 때
- 지금까지 해 온 모든 것들이 집대성되어 진짜 결과가 되어 나타난다.

(10) 컵(Cup) 10번

Storytelling

10개의 컵이 가득한 무지개 아래에서 아이들은 신이 나서 뛰놀고 부부는 팔을 들고 환호하고 있습니다. 무지개는 방사형으로 퍼져나가는 완전한 형태입니다. 더 채울 수 없는 가득 찬 컵들이 빛납니다. 소망하는 것들이 모두 이루어지고 걱정도 근심도 사라지는 행복한 모습입니다.

Explanation

집단의 구성원 모두가 행복해하고 있습니다. 숫자 10은 모두를 만족시킬 수 있다는 의미의 완성된 숫자입니다. 무지개는 보통 축복과 희망의 상징으로 여겨져

왔으며 푸른 강과 무성한 나무 역시 풍요로움을 나타냅니다. 더 행복하고 만족할 수 없을 정도로 최상의 행복을 말합니다.

하지만 무지개는 때로 환상을 말하기도 합니다. 잠시 아름답게 나타났다가 사라져버립니다. 혹시 진짜같이 보이지만 사실은 금세 사라질 허황된 꿈을 꾸면서 지금 이 순간을 허비하는 것은 아닌지 조심해야 하는 부분입니다.

장애물(부정적 의미로 해석될 경우)일 때
- 환상과 꿈에 과도한 기대를 걸다.

해결책 & 미래일 때
- 완벽한 희망과 행복의 결과가 나오게 된다.

(11) 컵(Cup)-시종(Page)

Storytelling

뒤로 바다가 펼쳐진 가운데 컵에는 물고기가 한 마리 들어 있습니다. 아이가 컵을 들고 물을 퍼내는 장난을 하다가 우연히 걸려든 물고기입니다. 아이는 순진하고 마냥 즐거운 표정으로 뜻밖의 횡재를 바라보고 있습니다.

Explanation

물고기는 생산적인 활동을 통한 예술 작품이나 재물을 나타냅니다. 이 타로 상징에서는 순수하게 자신이 원하는 바를 행하다가 만나게 되는 선물 같은 존재를 말합니다. 물을 가지고 노는 것은 직관적으로 자신이 원하는 바에 심취하는 것을 뜻하며 순수하고 예술적인 기질을 암시합니다.

장애물(부정적 의미로 해석될 경우)일 때
- 뜻밖의 횡재와 선물을 만나 마음을 빼앗겨 현실을 등한시한다.

123

(12) 컵(Cup)-기사(Knight)

Storytelling

백마를 탄 기사가 컵을 들고 어디론가 이동하고 있습니다. 컵은 마음을 담는 도구이므로 누군가에게 마음에 있던 제안을 제시하거나 혹은 마음에 품었던 연인에게 프러포즈를 하러 가는 중일 수도 있습니다. 얕은 강을 건너서 척박한 산을 지나가야 하므로 긍정적인 결과가 보장되지는 않습니다.

Explanation

말에 탄 기사가 다소 긴장된 표정이기는 하지만 투구를 올려 얼굴을 드러내고 있고 말도 입을 벌리고 은근히 웃는 표정임을 보면 싸우러 가는 것은 아닙니다. 강도 흐르고 있고 멀긴 하지만 숲이 보이는 것도 지금이 그다지 나쁜 상황으로 진행되고 있음은 아님을 말해줍니다. 새로운 제안이 받아들여지면 말이 향하고 있는 척박해 보이는 산도 곧 나무로 가득 차게 될 것입니다.

장애물(부정적 의미로 해석될 경우)일 때
- 결과는 불확실하지만 어쨌든 먼저 제안할 수밖에 없는 상황이다.

해결책 & 미래일 때
- 희망적인 마음으로 상대방에게 마음을 드러내며 제안하게 된다.

(13) 컵(Cup)-왕(King)

Storytelling

한 손에 컵을 들고 다른 한 손에는 권위를 상징하는 홀을 든 왕이 왕좌에 앉아 있습니다. 왕좌는 물결에 따라 흔들리고 덩달아 컵에 든 물도 출렁거립니다. 그러나 왕이 앉은 의자가 물에 가라앉거나 위험할 리는 없습니다. 왕이니까 많은 이들이 지키기 위해 최선을 다할 것이고 물에 빠져 허우적거리게 가만히 두지 않을 것이기 때문입니다.

그런데 왕의 표정은 불안하고 긴장되어 보입니다. 불안한 상황이 아닌데 불안한 척을 하는 중입니다. 이런 상황이 왕에게 도움이 되는 부분이 분명히 있습니다. 늘 긴장감을 유지하면 조심할 수 있기에 이런 신경과민을 불러일으키는 상황을 군이 바꾸려고 하지 않을 수도 있습니다. 또는 왕이 드라마틱한 상황을 연출하는 연극적 성격이거나 자신의 처지를 과장하고 불쌍하게 보여 상대방을 움직이려는 교활한 의도가 숨겨져 있을 수도 있습니다.

Explanation

일부러 부정적인 상황에 자신을 밀어 넣는 중이거나 혹은 마음 자체가 갈팡질팡하고 있음을 말하기도 합니다. 심리 장애나 성격 장애와 연결 지어 본다면 연극성 성격 장애, 불안으로 인해 안정을 느끼는 강박성 장애 등을 떠올려 볼 수 있습니다.

장애물(부정적 의미로 해석될 경우)일 때
- 지나치게 걱정이 많거나 신경과민일 수 있고 군이 이런 상황을 거부하지 않고 붙들고 있을 수 있다.

해결책 & 미래일 때
- 항상 긴장하고 고민하므로 실수하는 법이 거의 없고 매사를 강박적으로 확인하고 점검한다.

---

(14) 컵(Cup)-여왕(Queen)

QUEEN of CUPS.

Storytelling

세상에서 가장 훌륭한 컵을 들고 있는 여왕입니다. 중세 시대 여성의 가장 중요한 의무였던 2세 생산과 양육도 훌륭하게 이루어지고 있음을 반인반어(半人半漁)인 세 아이의 조각상으로 알 수 있습니다. 그야말로 다 가진 사람입니다. 옷차림도 편안하고 머리에 쓴 황금관도 더할 나위 없이 훌륭합니다.

그런데 여왕의 표정이 영 못마땅합니다. 보물 컵을 손에 들고 있으면서 이게 정말 보물이 맞는지 이 정도면 어떤 가치가 있는 건지 계속 의문을 가지고 의심하고 있습니다. 컵은 뚜껑이 닫혀 있어서 안에 무엇이 있는지 겉으로만 보아서는 알 수 없습니다. 열고 들여다보면 될 텐데 정작 그렇게 하기는 두렵습니다. 불안한 상황에 불안한 채로 안주하는 아이러니한 마음입니다.

Explanation

완벽한 완벽주의자입니다. 의심이 많아서 불안하고 강박적으로 자신이 가진 조건을 점검하고 또 점검하는 상황입니다. 컵의 덮개를 열고 안을 들여다보면 될 텐데 그러지 못한다는 것은 구체적인 행동을 할 의지가 부족하다는 뜻입니다. 아무리 다 가진 사람이라도 결코 모든 걸 다 채우지는 못한다는 의미를 담고 있습니다.

장애물(부정적 의미로 해석될 경우)일 때
- 드러내지 못하는 근심이 계속해서 불편하고 신경이 쓰인다.

해결책일 때 & 미래일 때
- 세심하고 꼼꼼하며 상황에 만족하지 않고 완벽을 추구한다.
- 훌륭한 지위를 얻고 대단한 성과를 얻게 되지만 만족하지 못하고 계속 점검하고 돌아보는 상황이다.

✦ 동전(Pentacle) Keywords

동전(또는 펜터클)은 아주 실제적인 존재를 나타냅니다. 재물에 관련된 일에서는 말 그대로 돈, 사업이나 학업에서는 실제적인 대가, 논문이나 책 등의 결과물을 말하고 대인 관계에서는 실제로 이 관계에서 원하는 목표나 편지나 선물과 같은 눈에 보이는 확실한 사물을 말합니다.

(1) 동전(Pentacle) 1번

Storytelling

하늘에서 나온 손이 동전을 소중하게 받쳐 들고 있습니다. 아래에 펼쳐진 정원은 꽃이 만발하고 초록색으로 덮여있습니다. 모든 상황이 커다란 황금빛 동전이 몰고 올 좋은 일을 맞이할 준비가 되어 있어 보입니다.

Explanation

실제적인 이득이 있을 것을 말하고 있습니다. 경제적으로 이득이 될 기회, 또는 고가의 선물이 생길 수도 있고 논문을 발표하거나 새 책을 출간할 수도 있습니다. 대인 관계가 새로 시작된다면 생산적인 이득이 생기는 인물을 만나게 되거나 그런 제안을 받게 될 수 있습니다.

장애물(부정적 의미로 해석될 경우)일 때
- 물질적인 가치를 우선시하면서 상황을 진행하는 것은 효과가 없다.

해결책 & 미래일 때
- 확실한 이득이 생길 수 있는 흐름이므로 확신을 갖고 추진한다.

(2) 동전(Pentacle) 2번

Storytelling

큰 파도가 이는 바다에는 무역선들이 떠 있어서 이윤에 관련된 흐름임을 말해주고 있고 높은 빨간 모자를 쓴 아이가 초록색 띠에 동전 두 개를 놓고 이리저리 굴리며 놀고 있습니다. 초록색 띠는 무한대를 뜻하는 뫼비우스의 띠를 나타내고 있는데 정작 동전을 굴리고 있는 인물은 이것을 깨닫지 못하고 있는 듯 보입니다. 골똘히 생각에 잠긴 이유는 두 개의 동전 중에 하나만 가져야 하기 때문입니다.

Explanation

두 개의 동전은 같은 크기이고 무한대가 그리는 두 개의 타원 형태도 거의 크기가 비슷합니다. 양자택일에 대해 고민을 하는 중이지만 사실 어느 쪽을 선택해도 결과는 비슷하게 좋을 것을 의미합니다.

장애물(부정적 의미로 해석될 경우)일 때
- 양자택일 시 딱히 차이점이 없어 우왕좌왕하게 되어 계속 생각만 거듭하게 된다.

해결책일 때
- 어느 쪽을 선택해도 크게 무리가 없다.

미래일 때
- 두 가지 일을 동시에 진행하게 될 경우 조화를 이루며 순조롭게 흘러가게 된다.

(3) 동전(Pentacle) 3번

Storytelling

기둥과 형식을 보아 신전처럼 보이는 건물을 짓고 있는 목수의 옆에 설계 도면을 든 건축가와 성직자가 서 있습니다. 신전에 대해서 잘 아는 두 사람입니다. 목수는 그들에게 현실에 도움이 되는 실질적인 조언을 금전적인 대가 없이 순수하게 상의하여 얻어내고 있습니다.

Explanation

동전의 마이너 카드 14장 중에서 유일하게 황금빛으로 나타나지 않는 카드입니다. 금전적이거나 경제적인 대가 없이 순수하게 신전이라는 건축물을 위해 의견을 나누고 조언을 얻는 모습입니다. 신전을 짓는다는 것은 너무나 거대한 프로젝트라 당장 작은 금전 이익을 기대할 상황은 아닌 것으로 보입니다.

장애물(부정적 의미로 해석될 경우)일 때
- 실제적 이득이 없는 상태에서 일을 추진하게 된다.

해결책 & 미래일 때
- 대가 없이 순수하게 도움을 줄 전문가들을 만나게 된다.

(4) 동전(Pentacle) 4번

Storytelling

머리에도 품에도 심지어 발밑에도 황금빛 동전을 가진 왕입니다. 번성한 왕국이 뒤에 펼쳐져 있는데 왕의 얼굴이 영 편치 않아 보입니다. 이보다 더 가질 방법은 없을까 어떻게 하면 나누거나 빼앗기지 않을까 노심초사하는 모습입니다.

Explanation

동전을 돈의 상징으로 보면 자린고비나 스크루지를 생각할 수 있습니다. 보수적이고 인색하며 조금이라도 지출이 있거나 하면 신경을 바짝 곤두세우고 긴장하게 됩니다. 책이나 논문 혹은 지식으로 본다면 타인에게 전달하거나 나누지 않고 홀로 독점하려는 욕구를 말하며 대인 관계에서는 딱히 아쉬울 게 없어 소통을 거부하고 자신의 세계에만 몰입하는 상황을 말합니다.

장애물(부정적 의미로 해석될 경우)일 때
- 고인 물은 결국 썩는다.
- 본인밖에 모르고 타인과 나누지 않으면 결국 자멸하게 된다.

해결책 & 미래일 때
- 스스로 이룬 것은 오롯이 자신의 것이므로 함부로 내놓지 말고 심사숙고한다.

(5) 동전(Pentacle) 5번

Storytelling

추운 날씨에 눈까지 내리는데 맨발로 걷는 이와 다리를 다쳐서 목발을 짚은 이가 보입니다. 전혀 도움이 안 되는 처지라 서로를 바라보고 있지도 않고 각자 다른 곳을 보며 나아가고 있습니다. 그들에게 필요한 것은 따뜻한 의복과 치료와 이 밤을 안전하게 견딜 장소입니다. 눈을 조금만 옆으로 돌리면 그들에게 필요한 돈이 가득한 스테인드글라스가 보입니다. 충분히 안전하게 생존할 수 있는 장소입니다. 그러나 그들이 향하고 있는 방향은 너무나 다릅니다. 고난은 계속될 예정입니다.

Explanation

함께 가고 있는 동료는 똑같이 힘든 처지라 전혀 도움이 안 됩니다. 그런 처지를 비관하느라 정말 도움이 되는 곳이 뻔히 옆에 있는데도 인지하지 못하고 있습니다.

장애물(부정적 의미로 해석될 경우)일 때
- 현실을 비관하느라 정말 도움을 줄 수 있는 존재를 인지하지 못한다.

해결책 & 미래일 때
- 바로 주위에 도움을 줄 수 있는 존재가 있으므로 지금 바라보는 방향에서 시선을 돌려야 한다.

(6) 동전(Pentacle) 6번

Storytelling

자신이 가진 것을 힘든 이들과 나누는 따뜻한 마음의 자선사업가가 보입니다. 관대하지만 감정에 휩쓸려 필요 이상으로 왕창 퍼주거나 하지 않고 딱 필요한 만큼 정확한 양을 배분합니다. 자선을 베풀 때도 명확한 기준이 있는 만큼 매사에 정확하고 현실적인 잣대를 가지고 있는 재력가입니다.

Explanation

대가를 바랄 수 없는 소모적인 지출이 있지만, 꼭 필요한 곳에 나가는 중이므로 담담히 받아들입니다. 어떤 식의 쓰임이든 마음은 편안할 것이며 스스로 만족할 수 있습니다.

장애물(부정적 의미로 해석될 경우)일 때
- 겉으로 보이는 체면에 신경 쓴 나머지 본인의 처지에 맞지 않게 가지고 있는 재물을 사용하게 된다.

해결책 & 미래일 때
- 대가를 생각하지 말고 쓰임새를 잘 파악하여 꼭 필요한 곳에 너그러운 마음으로 재물을 소비한다.

(7) 동전(Pentacle) 7번

Storytelling

탐스러운 과실이 잔뜩 열린 농작물 앞에 농부가 턱을 괴고 서 있습니다. 기뻐해야 할 것 같은데 어쩐지 매우 우울해 보입니다. 열심히 농사지어서 얻은 결과물 앞에서 기쁘지 않은 이유는 노력의 결과가 겨우 이것밖에 안 된다는 후회일 수도 있고 이것이 과연 가치가 있는가 하는 의심 때문입니다.

Explanation

열심히 노력해 온 후에 현실을 깨닫고 돌아보는 시기입니다. 한창 뭔가에 몰두하고 있을 때는 상황을 잘 인지하지 못하다가 한숨 돌리는 때가 오면 문득 자신이 해 온 과정에 대해 여러 가지 감정이 밀려옴을 느끼는 모습입니다. 일반적으로 성과를 보며 드는 감정 후회나 아쉬움이거나 혹은 만족과 보람인데 이 그림에서는 후회와 씁쓸함, 더 잘하지 못한 과거 과정에 대한 아쉬움이 더 잘 드러납니다.

장애물(부정적 의미로 해석될 경우)일 때
- 열심히 하긴 했는데 결과물이 만족스럽지 못하다.

해결책일 때
- 지금까지 해온 과정을 돌아보며 마음속에 차오르는 감정을 돌아보고 인정하고 받아들인다.

미래일 때
- 지금까지 해 온 과정과 결과물을 시간을 가지고 충분히 돌아보고 이후의 방향을 결정하도록 한다.

(8) 동전(Pentacle) 8번

Storytelling

수공업 기술자가 하나하나 공을 들여 자신의 작품을 만들고 있습니다. 공들여 만든 훌륭한 작품이므로 나무에 걸어서 많은 사람이 볼 수 있도록 전시도 합니다. 자신의 실력에 충분히 자신이 있고 묵묵하게 최선을 다하는 장인 정신을 가진 달인입니다.

Explanation

능력도 출중하고 사람들이 우러러보는 기술을 가진 것은 분명하지만, 지금은 성급하게 나아가거나 당장 결과물을 창출할 때가 아닙니다. 시간을 들이고 최선을 다하는 묵묵함이 결국 빛나는 순간을 가져다주게 됩니다.

장애물(부정적 의미로 해석될 경우)일 때
- 가지고 있는 능력을 인정받기 위해서는 시간이 걸린다.

해결책 & 미래일 때
- 가지고 있는 능력과 과거에 해 온 결과물을 차근차근 단계를 밟아 세상에 내놓는다.

(9) 동전(Pentacle) 9번

Storytelling

자신의 능력으로 훌륭하게 재산을 일궈낸 능력자입니다. 화려한 옷과 무성한 포도는 이 여인이 자신의 능력으로 마련한 것들입니다. 요행이나 운으로 순식간에 이뤄낸 것이 아님을 여인의 발 앞에 있는 달팽이가 상징적으로 말해주고 있으며 그림 밖으로 연결된 여인의 옷자락은 과거로부터 이어져 온 것이 있음을 나타냅니다. 여인의 손에 앉은 새는 소통을 상징합니다. 얼굴에 복면을 쓰고 가리고 있는 것은 여인의 고집스러움과 소통하고 싶지 않은 상처받은 마음을 말해줍니다. 여인의 몸으로 이만큼 이루기까지 많은 이들에게 시련을 겪었음을 은연중에 나타내고 있습니다.

Explanation

많은 힘든 과정을 거쳐서 느릿느릿 이 자리까지 왔고 많은 것을 이루었습니다. 더는 타인을 배려하거나 의견을 나누고 싶지 않으며 딱히 그럴 필요도 없는 상황입니다. 가진 것을 지키기 위해서이거나 혹은 그동안 받은 상처가 너무 커서 차라리 외로울지언정 소통은 하고 싶지 않은 성공을 이룬 능력자의 모습입니다.

장애물(부정적 의미로 해석될 경우)일 때
- 이룬 것도 많고 능력도 있으나 소통하는 법을 모르고 있다.

해결책 & 미래일 때
- 본인이 이룬 것과 가지고 있는 능력을 신뢰한다면 굳이 상처를 주었던 타인들과 힘들여 소통할 필요가 없다.
- 타인의 말에 휘둘리지 말고 본인의 스타일을 고수하고 지켜라.

(10) 동전(Pentacle) 10번

Storytelling

모든 이들이 행복에 겨워하고 있습니다. 나이가 든 사람이나 젊은 남녀나 아이, 혹은 짐승들도 모두 부담 없이 이 상황을 즐길 수 있을 정도로 그동안의 성과가 넘쳐납니다.

Explanation

모두의 행복을 말하고 있습니다. 단순히 마음이 행복한 것이 아니라 실제로 기쁘고 즐겁게 느낄 수 있는 실제적인 이슈가 있습니다. 돈이나 작품일 수도 있고 행동에 대한 결과나 보답일 수도 있습니다.

장애물(부정적 의미로 해석될 경우)일 때
- 본인 이외의 다른 이들을 모두 금전적 물질적 또는 실제적 결과물로 흡족하게 만족시켜야 한다는 부담이 크다.

해결책 & 미래일 때
- 지금까지 열심히 노력해 온 시간이 실제적인 결과물로 드러날 시기가 왔다.

(11) 동전(Pentacle)-시종(Page)

Storytelling

거대한 체구의 어린 소년(소녀)이 커다란 동전을 들고 심취해서 바라보고 있습니다. 다른 사람이 이 동전을 어떻게 여기든 어떤 가치를 매기든 전혀 개의치 않고 자신의 기준으로만 평가하고 만족해하고 있는 모습입니다.

Explanation

능력자임은 분명한데 보편적이고 일반적인 가치가 아닌 본인의 가치만을 생각하고 있어 편협한 가치관을 가지고 있을 수 있습니다. 남들이 뭐라 하든지 말든지 오로지 자신이 추구하는 바만을 따라가는 완고한 Only My Way 스타일입니다.

장애물(부정적 의미로 해석될 경우)일 때
- 타인이나 주변의 기준은 전혀 고려하지 않고 본인의 가치관만이 중요한 외골수 스타일이다.

해결책일 때
- 누가 뭐라 하든 내 가치관과 내 신념을 지키고 사는 것이 옳다.

미래일 때
- 다른 기준이나 조건은 상관없이 나에게 가장 중요한 가치를 가진 결과물을 얻게 된다.

(12) 동전(Pentacle)-기사(Knight)

Storytelling

검은 말이 멈추어 서 있고 말을 탄 기사가 조금 착잡한 표정으로 동전을 들고 있습니다. 당장 사용할 수 있는 금전이나 생산 수단이 있긴 한데 지금 당장 어디로 가서 어떻게 사용할지 잘 모르는 상태입니다.

Explanation

답답한 상황이면서 동시에 선택의 자유가 있는 상황입니다. 단지 지금 여기에서 어디로 가야 할지 감이 안 잡히는 중일 수도 있고 또는 어디가 괜찮을지 마음속으로 저울질을 열심히 하고 있을 수도 있습니다. 말의 머리를 어디로 돌려서 박차를 가할지는 전적으로 말을 탄 기사의 선택이므로 잠시 시간을 갖고 주변 상황을 점검하며 숨을 고르고 있는 상황입니다.

장애물(부정적 의미로 해석될 경우)일 때
- 움직일 힘이 있고 수단도 있는데 당장 어디로 가야 할지 몰라 답답하다.

해결책 & 미래일 때
- 지금은 숨을 고르고 주변 상황을 하나하나 점검할 때이며, 곧 방향을 정해서 전진하게 될 것이다.

(13) 동전(Pentacle)-왕(King)

Storytelling

모든 것을 다 이루어 자신의 분야에서 패자(覇者)가 된 왕의 모습입니다. 정신 승리이거나 추상적인 만족감이 아닌 현실적인 힘과 실질적인 능력을 가진 사람입니다. 발밑에는 제압한 적이 굴복해 있으며 주변에는 풍요로운 재산이 가득합니다. 굳이 눈을 뜨고 주변을 둘러보며 자신의 업적을 확인할 이유가 없으므로 거만하게 눈을 내리뜬 모습입니다.

Explanation

요즘 말로 넘사벽(넘을 수 없는 사차원의 벽 : 쉽게 다다를 수 없는 경지를 재치 있게 이르는 말) 너머에 존재하는 인물이어서 감히 넘보거나 건드릴 수 없는 존재입니다. 힘이면 힘 권력이면 권력 재물이면 재물 무엇하나 빠질 것 없이 모두 다 가진 사람을 말합니다.

장애물(부정적 의미로 해석될 경우)일 때
- 너무나 많은 것을 이루었기에 굳이 애쓸 필요가 없어 현실에 만족하고 있다.

해결책일 때
- 이미 많은 것을 이루었으며 모든 것을 손아귀에 쥐고 있다.

미래일 때
- 추진하는 이슈나 분야에서 일인자가 된다.

(14) 동전(Pentacle)-여왕(Queen)

Storytelling

많은 것을 가지고 있으며 무엇하나 부족해 보이지 않는 풍요로운 환경에 놓인 사람이지만 손에 쥔 황금 동전을 보는 표정은 우울하기만 합니다. 이게 과연 내 것이 맞는가, 내가 필요로 하고 원하는 것인가. 금방이라도 땅이 꺼져라 한숨을 쉴 것 같습니다. 귀여운 토끼가 와서 아양을 떨어도 어떤 이유로 눈길을 주지 않습니다. 여왕이 정말 원하는 것이 있으며 지금 상황에서 절대적으로 부족한 무엇인가가 있습니다. 여왕은 그것이 지금 자신에게 없음을 잘 알고 있고 본인이 감당할 수 있는 정신적인 한계를 분명히 인지하고 있습니다.

Explanation

풍족한 환경에 있는 것처럼 보이지만 사실은 결핍된 환경을 말합니다. 기혼 여성이라면 아이를 원하는데 쉽게 아이가 생기지 않는 우울함일 수도 있고 또는 아이를 원하지 않는데 출산이나 양육의 의무를 짊어지고 있어 괴로운 상황일 수도 있습니다. 일이나 직업에 관한 것이라면 잘 되어가고 있는 것처럼 보이지만 본인이 원하지 않는 것들이 가득한 환경이라 힘든 상황을 말합니다.

장애물(부정적 의미로 해석될 경우)일 때
- 정말 원하는 것은 갖지 못하고 남들이 보기에 좋은 것만이 가득해서 답답하고 우울하다.

해결책 & 미래일 때
- 시선을 돌려서 본인이 가지고 있는 많은 것들을 먼저 보고 그 가치를 새롭게 인지한다.

3장에서는 타로 상담 시 상담사가 가져야 할 태도와 유의할 점 그리고 실제 상담에 있어 반드시 사용하셔야

하는 필수 사용 멘트를 소개합니다.

심리상담에 있어 상담사가 하는 말은 한 마디 한 마디가 매우 중요합니다. 타로 상담은 특히나 1회기로 한정

되고 어쩔 수 없이 상담사가 내담자보다 우위를 점하게 되므로 의미 없는 말은 꺼내지 않는 것이 중요합니다.

일반적인 심리상담에서의 상담사가 하는 역할이 내담자와 같은 방향을 보며 나란히 걷는 것이라면 타로 상담

에서의 상담사는 내담자의 손을 잡고 반 발 정도 앞서서 이끄는 것과 같습니다. 명심할 것은 한 발도 아니고

한 걸음도 아닌 반(半) 발 정도라는 점입니다.

예를 들어 신력(神力)을 빌려 신점(神占)을 보는 무속인들은 반(半) 발이 아니라 저만치 앞에 서서 본인이 주

도하여 대화를 이끌고 나갑니다. 타로 상담을 하면서 이런 이들과 상담사의 입지를 혼동하여서는 안 되며 이

를 미연에 방지하기 위해서라도 질문이나 발언에 매우 섬세하게 주의를 기울여야 합니다.

모든 발언은 지시적이거나 단정적이 아니어야 하며 내면 탐색에 적합하도록 부드럽고 심오해야 합니다. 이

점을 유념하면서 타로 상담에서의 태도와 유의점 및 반드시 들어가야 하는 필수 멘트들을 숙지하시고 충분히

연습하셔서 상담사 개인의 취향에 맞게 적절하고 효과적으로 사용할 수 있도록 합니다.

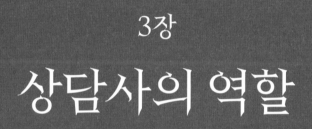

3장

상담사의 역할

I. 타로 상담 시 상담사의 태도

✦ 질문의 구체화의 중요성

타로 상담사의 역할은 거창하지 않습니다. 그저 차분하게 카드의 배경과 상징을 설명하고 내담자에게 뭔가 마음에 와 닿는 부분이 있는지 물어본 후 내담자의 말에 귀를 기울이면 됩니다. 혹시 내담자가 혼란스러워하거나 무슨 말인지 어떤 느낌인지 모르겠다고 답하는 경우만 상담사가 조금 더 적극적으로 방향을 잡으면 됩니다.

타로는 대부분 상징적인 인물이 중심이 된 그림을 사용하기에 연애나 대인관계와 같이 사람과 관련된 일은 리딩이 비교적 수월하지만, 직업이나 학업, 진로처럼 사람과 직접 관련되지 않은 주제에 대한 리딩은 어렵게 느껴질 수 있습니다.

예를 들어 카페를 운영하시는 분이 앞으로의 사업 전망이 어떤 방향으로 나아갈지 궁금해하며 타로 상담을 신청했고 지금 상황의 미래로 11번 Justice 카드가 나왔습니다. 11번 타로 카드에 등장한 인물은 차가운 원칙주의자이며 매사에 저울질하며 감당할 수 있는 만큼만 자신을 허락하는 인물입니다.

혹시 상담을 의뢰한 카페 주인이 '사업을 하는 데 어떤 태도를 가져야 하는지' 물었을 경우에는 인물에게 초점을 맞추어 '감당할 수 있는 만큼만 행하는 원칙주의자로 행동하라'는 메시지를 매끄럽게 전달할 수 있지만 '앞으로의 사업 전망'이라는 관점에서 이런 메시지를 전달받으면 현재 어떤 부분을 감당하는 것을 말하는 건지 그리고 원칙주의자로서 지키는 원칙은 무엇인지 잘 감이 오지 않습니다.

그냥 단순하게 미래의 위치에 나온 카드이므로 앞선 장에서 리딩 예시로 제시된 '객관적인 결단을 내려야 할 시기가 올 것이다'와 '심사숙고와 과감한 결단을 동시에 고려해야 하는 상황이 온다'라는 메시지를 전달해버리면 자칫 잘못하면 상당히 뜬금없는 상황이 연출될 수 있습니다.

의뢰인이 평소에 내면 탐색을 능숙하게 하는 편이고 '사업 전망'이라는 단어 속에 자신의 주관과 계획이 확고하게 들어 있었다면 이런 메시지를 받고 고개를 끄덕이며 무난하게 지나갈 수 있을 것입니다. 반대로 앞으로 카페 운영을 어떻게 해 나가야 할지 막연하게 방향만 느낄 뿐 별 생각이 없었다면 이런 메시지에 대해 일단 뭔가를 해야 객관적인 결단을 내리든 심사숙고를 하든 할 게 아닌가 하는 의문과 혼란에 빠질 수 있습니다. 무엇을 선택해서 어떻게 해야 할지 결정하기 위해 미래 전망이 궁금한 것인데 동문서답을 들었다고 생각할지 모릅니다.

이런 경우를 위해 미리 질문을 세심하게 구체화할 필요가 있습니다. 카페의 운영에 관련된 미래가 궁금하다고 해서 미래의 위치에 나온 카드를 리딩하면 되겠구나 생각하고 무턱대고 카드를 고르게 해서는 위와 같이 곤란한 상황이 생길 수 있으므로 여기에 대한 구체적인 상황을 다시 한 번 디테일하게 확인하는 과정이 있어야 합니다.

예를 들어 카페의 손님을 늘리고 싶은지 아니면 현재 상태로는 오는 손님을 다 감당할 수가 없으니 장소를 확장하고 싶은지 또는 프랜차이즈에서 개인 브랜드로 바꾸고 싶은지 등의 사업 전망에 관련된 구체적인 사안들의 탐색이 필요합니다.

이렇게 질문이 구체화 된 상태라면 주호소 내용과 카드의 메시지에 맞게 리딩이 가능합니다. 예를 들면 '카페의 경영에 있어 ○○○라고 말했던 사항들은 빨리 결정하기보다는 고민하는 시간이 좀 길어야 할 필요가 있어 보인다, 고민하는 과정을 거치면서 객관적인 결단이 필요해지는 때가 올 것이다. 이때 스스로 충분히 고려했다면 망설이지 말고 과감하게 결단을 내리라'고 리딩할 수 있게 됩니다.

또한 이런 경우에 '① 손님을 늘리고 싶은 마음에 대한 기대와 걸림돌', '② 프랜차이즈에서 개인 브랜드로 바꾸었을 때의 기대와 걸림돌', '③ 장소를 지하로 확장할 것인지 층수를 높일 것인지에 대한 전망' 등으로 질문을 확장하여 다시 한 번 타로 리딩을 진행함으로써 더욱 깊은 내면 탐색이 가능해집니다.

✦ 내담자에게 주는 선물 카드

타로 리딩의 결과가 좋지 않거나 이렇다 할 해결의 실마리가 보이지 않을 때 상담사가 내담자에게 선물을 주는 의미로 카드를 한 장 고를 수 있습니다.

이때는 부정적인 메시지를 전달하는 것보다 긍정적이고 희망적인 격려를 전달하도록 합니다. 그러나 무조건적인 긍정 메시지를 전달하는 데 주력하다 보면 카드에 드러난 상징과 전혀 관련 없는 이야기가 나올 수 있으므로 지금까지 나온 카드들의 의미를 다시 한 번 정리하는 마음으로 이렇게 해결해나가면 좋겠다는 메시지를 전달하는 수준을 유지하는 것이 좋습니다. [6-ⓑ 내담자에게 주는 선물 카드]

✦ 긍정적 메시지 vs 부정적 메시지

운세나 점술의 타로와 타로 상담의 결정적인 차이를 꼽으라면 타로 상담에서는 긍정적인 메시지를 전달하는 데 치중할 수 있는 순간이 있다는 점입니다. 물론 안 좋게 나온 상황을 억지로 긍정적으로 해석해서는 안 됩니다. 어떻게 해도 부정적인 카드 이미지들이 줄줄이 나열된다면 내담자의 상황이 정말로 안 좋다는 뜻입니다. 동정하거나 안타까워하는 단계를 넘어서 대비책을 함께 설계하고 적극적으로 헤쳐나가도록 격려하는 것이 훨씬 내담자에게는 도움이 되며 앞서 말한 상담사가 고르는 선물 카드도 이러한 노력의 일부분이라고 할 수 있습니다.

단지 타로 상담에서는 내담자의 멘탈이 완전히 바닥으로 내동댕이쳐져서 부서진 상황이거나 혹은 그런 수준의 암울한 상황이 아니라면 어느 정도는 긍정적인 면에 치중하는 것이 가능합니다(가끔 타로 상담이 아니라 심리 검사와 전문적인 심리 치료가 필요한 내담자가 찾아올 때가 있습니다. 최선을 다해 현재 상황에서의 위안과 위로에 집중하고 전문적인 도움을 받을 수 있도록 설득하도록 합니다).

사람들의 무의식 속에는 칭찬을 듣고 싶어 하면서 자신이 훌륭한 능력을 갖춘 사람이기를 간절히 바라는 어린아이가 살고 있습니다. 현실의 삶이 팍팍하고 고달프면 자연스럽게 자존감이 낮아지고 원하는 만큼 능력을 갖지 못한 자신을 비하하고 비난하는 일상을 보내기 쉽습니다.

타로 카드를 거울삼아 내면의 숨겨진 능력에 대해 찾아내 주고 칭송하여 준다면 혹 실패만을 겪어온 힘든 내담자라 할지라도 내면 아이의 욕구에 따라 내가 정말 그런 부분이 있을까 하며 솔깃해합니다.

칭찬이 정말로 고래를 춤추게 하는 지 두 눈으로 직접 보는 것은 힘든 일이지만 타로 상담에서 힘든 내담자가 긍정적인 메시지를 듣고 어느 정도 밝은 얼굴이 되는 것을 보는 것은 어렵지 않습니다. 언제나 과유불급(過猶不及)이므로 지나치게 과용하거나 오버하지만 않는다면 타로 상담은 늘 긍정적이고 희망찬 느낌을 유지할 수 있습니다.

2. 타로 상담 시 유의할 점

앞서서 지나치게 과용하거나 오버하지 말라고 말씀드린 것은 타로가 주는 희망적이고 긍정적인 메시지의 전달 효과에 푹 빠져서 저도 모르게 내담자에게 치명적인 상처를 줄 수 있기 때문입니다. 내담자에게 좋은 말을 해주고 싶은 욕구가 너무 큰 나머지 이런 실수를 하는 경우가 있으므로 각별히 주의해야 합니다.

타로는 어디까지나 내면을 비춰내고 자신을 탐색하고 통찰하는 도구가 되어야지 희망 고문의 도구가 되어서는 안 됩니다. 특히 건강이나 임신 등에 대해 상담이나 리딩을 요청받으면 세심하게 신경 쓰고 신중을 기해야 합니다. 좋다 나쁘다의 이분법적인 표현이나 단정적인 결과의 암시를 피해야 하며 극단적인 표현도 자제해야 합니다.

내담자는 절박하면 할수록 사소한 말이라도 거기에 매달리고 집착하려 합니다. 결국, 아무것도 아닌 말에 칭칭 옭아매어 져 예전보다 훨씬 힘든 시간을 보내게 되기도 합니다.

예를 들어 난임으로 스트레스를 받는 내담자가 이 사실을 말하지 않고 일상적인 주제로 타로 리딩을 의뢰한 경우 3번 여황제 카드나 20번 태양 카드가 나와 상담사가 "결혼을 하신 상태라면 임신 가능성이 있겠네요"라고 해석을 하면 내담자는 솔깃하고 기뻐하는 정도가 아니라 운명의 신이 보내는 메시지를 받았다고 착각할지 모릅니다. 상담사는 그저 평이한 해석을 객관적으로 던졌을 뿐인데 의도치 않게 내담자의 인생을 쥐어흔들게 된 셈입니다.

내담자가 아예 처음부터 임신을 원하는데 잘 안 되고 있다고 말을 하고 이것을 주호소로 삼아 리딩을 요청하면 상담사가 극단적인 메시지를 전달하는 실수를 하지 않을 수 있겠지만 힘들고 고통스러운 문제일수록 낯선 이 앞에서 꺼내놓기가 쉽지 않습니다. 가뜩이나 타로는 그 메시지가 신기(神奇)나 영기(靈氣)에서 나오는 것으로 착각하기 쉬워 내담자가 메시지를 자의적으로 왜곡해서 받아들이거나 의도치 않게 깊은 상처를 받을 위험이 큽니다.

물론 타로 리더가 정말 무슨 신기(神奇)가 있거나 예지력(豫知力)이 있어서 예언한 좋은 결과가 현실로 이루어진다면 좋겠지만 이런 일이 가능하냐, 불가능하냐를 떠나서 타로 카드를 상담의 도구로 사용하는 상담사가 발을 들일 영역은 아닙니다.

이런 경우가 있을 수 있다는 것을 염두에 두는 것과 아예 모르는 것은 차이가 큽니다. 같은 의미를 전달하는 리딩이더라도 "이 카드는 임신과 출산 또는 모성(母性)과 관련이 깊습니다. 어떤 느낌이 드시나요?"라고 묻는 것과 "임신 가능성이 보입니다"는 판이하게 다른 결과를 낳습니다. 전자는 "사실은 제가 난임이라 굉장히 힘든 상황입니다. 제가 모성(母性)에 집착하고 있을 수도 있겠네요"라고 내담자의 통찰을 이끌어낼 수 있지만, 후자는 내담자의 삶을 천국과 지옥으로 던져버릴 수 있습니다. 이런 가능성을 늘 상기하시고 유념하시기 바랍니다.

3. 상담을 위한 필수 사용 멘트

다음은 타로 상담을 진행하면서 상담사가 반드시 사용해야 하는 멘트들을 모아놓은 것입니다. 자연스럽게 사용할 수 있게 되면 될수록 실수 없이 물 흐르듯 매끄럽게 리딩을 할 수 있게 됩니다.

✦ 타로는 예전에 경험해 보신 적이 있으신가요?

타로 상담을 시작하면서 해야 하는 질문으로 보통 세 가지의 대답이 나옵니다.

① 해 본 적이 있다.
② 아예 없다.
③ 하긴 했는데 비전문가에게 대충 의뢰했던 거라서 별 의미가 없다.

①, ②, ③ 중 어떤 것도 상관없습니다. 타로 상담으로서의 타로 리딩은 점술로서의 타로 리딩과 다르다는 것을 알리기 위한 질문이므로 ①, ②, ③의 반응에 대해 경청하고 수긍하도록 합니다. 그리고 심리상담으로서의 타로는 점술로서의 타로와는 다르다는 점을 간략하게 설명하고 이전에 경험했던 타로 리딩과 이번 타로 상담은 비슷하지만 다를 수 있으며 추후에 타로 카페를 가거나 타로 점술사를 만나서 타로 리딩을 할 기회가 생기면 상담사의 스타일이나 형식과

다룰 수 있음을 알립니다. 【6-ⓐ 이전의 리딩 경험 확인】

♦ 요즘 가장 고민이 되는 부분은 어떤 게 있으신가요? 타로 상담을 받아야겠다 하고 결심하셨을 때 가장 마음에 걸렸던 고민거리는 어떤 것인가요?

타로를 이전에 접한 적이 있는지를 질문한 후 본격적으로 상담이 시작되는 때에 사용하기에 적절한 질문입니다. 내담자는 이 질문을 받음으로써 새로운 분위기에 잠시 흥분되거나 긴장했던 마음을 가라앉히고 자신의 내면을 돌아보게 됩니다.

이때 정확하게 딱 잘라서 제 고민은 이것입니다 하고 전달하는 내담자들도 있지만, 누군가 자신의 힘든 이야기를 들어준다는 상황에 울컥하여 감정에 치우친 나머지 추상적인 상황을 장황하게 풀어내는 내담자들이 훨씬 많습니다. 상담사는 되도록 말을 아끼고 내담자가 하는 말을 경청하는 데 신경을 집중해야 합니다. 장황한 이야기 중에서 질문을 구체화하기 위한 단서들을 포착하여 정리한 후 내담자에게 되돌려 줍니다. 무작정 내담자의 한풀이에 가까운 하소연을 듣고 있다가는 제한된 시간 때문에 타로 카드를 제대로 펼쳐 보지도 못할 수 있으므로 주의해야 합니다.

♦ 카드를 고르실 때는 마음이 가는 대로 자유롭게 선택하시면 됩니다.

내담자들은 카드를 막 고르려고 할 때 내적 긴장도가 가장 높아집니다. 거북하거나 불편한 느낌이 아니기에 대부분의 내담자가 이 긴장감을 즐깁니다. 하지만 이 낯선 감정 때문에 상담사가 카드를 몇 장을 고르라고 했는지 잊어버리거나 헷갈리는 경우가 종종 있고 카드를 고르기 직전 망설이면서 다시 카드의 장수를 확인하는 내담자들이 매우 많습니다.

배열법의 종류에 따라 1장을 고르거나 3장을 고르거나 혹은 여러 장을 고를 때도 있으므로 내담자가 헷갈리거나 망설이지 않도록 상담사는 숫자를 언급하며 동시에 손가락으로 숫자를 정확하게 보여주는 것이 좋습니다.

카드를 고르려 할 때 '이거 괜찮을까요?' 또는 '이거 해도 되나요?'라고 상담사의 허락을 구하는 내담자들도 있습니다. 편안한 표정으로 '네, 물론입니다' 하고 부드럽게 응대하는 것으로 충분합니다. 카드 한 장인데 그냥 고르면 될 걸 이 간단한 행위를 왜 자꾸 묻는지 어이없어하거나 짜증스러운 마음을 갖는 것은 금물입니다. 불안 수준이 다소 높고 타인의 시선과 허락에 매우 민감하게 반응하는 내담자의 특이 사항으로 인지하고 상담에 반영하도록 합니다. 【6-① 카드를 고르기 위한 워밍업】

✦ 이 카드를 고르시면서 특별히 떠오르는 게 있으신가요?

내담자가 카드를 고를 때마다 일일이 이 질문을 반복하는 것은 금물이지만 특정한 카드를 고를 때 사용한다면 여러모로 상담에 도움이 되는 질문입니다. 특히 6장과 9장 배열법 사용 시 장애물 카드를 고를 때는 반드시 사용해야 합니다.

상담사가 내담자에게 마음의 걸림돌이나 장애물로 작용하는 카드를 고르라고 하면 내담자는 자신만의 기준에서 불편함을 주는 무엇인가를 떠올리며 카드를 고르게 됩니다. 이때의 기준은 과거의 경험에 기인한 대인관계일 수도 있고 금전적인 불편함이나 본인의 성격에 있어 취약한 부분일 수도 있습니다.

사람들은 저마다 자기가 생각하는 이상향으로 가려고 노력하고 있고 그 과정에 있어 걸림돌 혹은 장애물로 작용하는 부분을 나름대로 규정하고 있기 때문에 기준은 다양할 수밖에 없습니다.

내담자가 어느 기준에 맞추어 카드를 골랐는지 상담사가 모르는 것은 당연한 일이며 이와 상관없이 카드에 들어 있는 여러 가지 상징들을 모두 설명하는 것이 원칙입니다. 그러나 혹시라도 내담자가 어떤 특정한 의도를 가지고 골랐는지를 미리 알 수 있다면 많은 상징 중에서 그와 부합하는 의미를 먼저 해석함으로써 내담자의 내면 탐색의 시작을 빠르게 유도할 수 있게 됩니다. 불필요한 해석을 제공하지 않을 수 있어 시간적으로도 내담자의 집중도를 높이는 면에서도 매우 유익합니다.

예를 들어 대인관계에 있어 어려움을 겪는 이가 장애물 카드를 고르면서 이런 질문을 받았을 때 '부모가 떠오른다'든가 또는 '학교에 다닐 때 왕따를 당했던 경험이 떠오른다'든가 하고 답을 한다면 굳이 카드 이미지를 확인하지 않아도 카드를 고르는 행위 자체를 통해 이미 내면에 뿌리 깊게 자리 잡은 역동을 드러내는 것입니다.

◆ 지금까지 본 카드 중 어떤 게 가장 인상 깊으신가요?

타로 리딩의 종료 시점에 반드시 해야 하는 질문입니다. 타로 상담에서의 화룡점정(畵龍點睛)이라고 할 수 있습니다. 내담자들은 타로의 이미지 속에 담긴 여러 가지 상징들 속에서 자신에게 가장 와 닿은 부분을 기억하고 마음속에 저장합니다. 마지막 부분에 다시 한 번 짚어주고 이야기를 나눔으로써 타로 상담을 의뢰했던 주호소를 상기하고 내담자 스스로 마음을 정리하는 시간을 갖게 됩니다. 【6-⑧ 필수 질문 : 기억에 남는 카드】

상담사는 사람의 마음을 다룹니다. 마음이란 오묘하고 복잡하면서 때로는 한없이 단순하므로 아무리 상담사

가 최선을 다한다고 해도 노력의 정도에 상관없이 내담자가 좌절하는 모습을 지켜볼 수밖에 없을 때가 있습

니다. 상담사는 개인의 취향이나 기호에 따라 내담자를 선택할 수 없습니다. 그저 주어진 상황에 최선을 다하

여 행동 관찰이나 주호소 파악을 비롯하여 저항 분석과 라포 형성 등 내담자를 위해 해야 할 여러 가지 작업을

하는 것 이외에 할 수 있는 일도 없습니다.

상담에서의 타로 카드 활용은 이런 과정에서의 힘듦을 효율적으로 줄여주고 관계를 유연하게 만들어 주는 큰

장점이 있지만 실제로 상담 현장에서 사용되는 경우에 뚜렷하게 드러나는 몇 가지 어려움들이 있습니다.

4장에서는 실제 타로 상담에서 상담사가 겪게 되는 구체적이고 실질적인 어려움인 '점술 타로와의 혼동', '종

교와의 배타적 관련성', '내담자의 욕구 오해석' 등과 함께 이를 효율적으로 다룰 수 있는 방법인 '오라클 카드

의 병행'을 소개합니다.

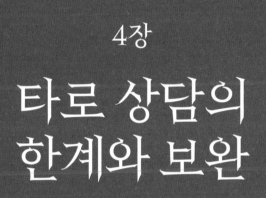

4장

타로 상담의
한계와 보완

1. 점술 타로와의 혼동

타로가 신력(神力)이나 영력(靈力)을 가진 무속인의 손에 들어가면 앞날을 점치는 도구가 되며 상담심리사의 손에 들어오면 안내자가 든 등불이 됩니다. 살아가는 것은 수많은 갈등과 선택의 연속이고 타로는 그런 고민에 대해 조금이나마 앞길을 밝혀줍니다.

타로를 보려는 사람들이 가진 삶에 대한 애정과 열정은 이 등불이 늘 환하게 타오를 수 있게 밝혀주는 기름과 같습니다. 여기서 한 가지 명심할 것은 등불은 오로지 길을 밝혀줄 뿐 대신 걸어가 주지도 등을 떠밀지도 않는다는 점입니다.

많은 수의 내담자가 점술로서의 타로와 심리상담으로서의 타로 리딩을 동일하게 여기고 상담 장면에 옵니다. 상담심리사는 내담자를 끊임없이 내적 탐색과 통찰의 세계로 데려가려 하지만 점술로서의 타로 리딩을 바라고 온 내담자는 이를 이해하지 못하고 헤매면서 동문서답을 반복하거나 또는 대놓고 거부하며 짜증을 내기도 합니다.

그렇다고 내담자들이 요구하는 대로 타로 리딩을 하다 보면 상담사로서 해서는 안 된다고 귀가 따갑게 들은 '단정적이고 결정론적인 메시지'를 전달하게 됩니다. 이러한 이유가 상담사들이 시간과 비용을 들여 타로에 대한 여러 가지를 학습하고도 타로를 제대로 활용하지 못하는 주된 이유 중 하나입니다.

타로를 활용하든 하지 않든 상담의 가장 중요한 목표는 내담자의 내적 안정입니다. 이것을 기억한다면 점술 타로 요구와 상담 타로 리딩의 갈등에서 조금 자유로울 수 있습니다.

타로를 상담 도구로 사용하려면 지시적이고 단정적인 메시지의 전달은 피하도록 주의를 기울이되, 이를 어느 정도는 허용하는 선에서 유연하게 이끌어가는 연습이 필요합니다. 지시적인 메시지를 전달할 수밖에 없는 상황에 처하더라도 최종 목표인 '내담자를 통찰로 이끄는 방향성'은 유지하는 것입니다.

지시적이고 단정적인 메시지 전달을 원하는 내담자가 가장 많이 하는 질문은 '좋은 카드냐, 나쁜 카드냐'입니다. 내담자가 일관되게 카드에 대해 좋고 나쁘고를 따지게 되면 상담사 역시 이분법에 치우친 리딩을 하게 될 확률이 높습니다. 【6-① 좋은 카드인가 나쁜 카드인가】

이런 경우 내담자가 듣고 싶은 말이 무엇인지 탐색하는 마음으로 질문하고 그렇게 수집된 정보를 토대로 타로 리딩을 시도하는 것이 좋습니다. 이분법적인 시선을 가지고 단정적인 지시를 원하는 내담자일수록 불안이 높고 깊은 고민을 안고 있습니다. 이들을 대할 때는 타로 상담 한 번으로 관계를 끝내지 않겠다는 마음가짐이 필요하며 한두 마디라도 여지를 남겨 힘든 내담자의 마음을 자아 탐색과 내면 통찰의 방향으로 돌리는 시도를 하는 것이 매우 중요합니다.

 ## 2. 종교와의 배타적 관련성

타로에 대한 흥미가 있어도 종교적인 신념과 대치되는 불편함이 느껴져 애써 관심을 접거나 마음을 돌리는 이들이 있습니다. 타로 리딩을 잡신(雜神)을 이용하는 무속 행위로 보고 타로를 그에 맞는 점술 도구로 규정하는 분위기 때문입니다.

소중한 종교적인 신념에 의해 타로에 대한 관심을 조절하는 것은 전적으로 개인의 선택이며 옳고 그름을 논할 일이 아닙니다. 본인의 마음이 원하는 대로 가는 것이 가장 올바른 길입니다.

다만 타로 카드에 그려져 있는 풍부한 상징은 중세 시대에 그려진 이유로 종교적인 상징이 들어 있을 뿐이며 종교적인 산물이라기보다는 시대적 역사적인 배경을 가진 오래된 미술 작품으로 보는 것이 더 타당합니다.

타로가 많은 점술가나 역술인들의 손에서 점술 도구로 사용되기는 하지만 동시에 훌륭한 미술 심리 검사 및 상담 도구로서 진가를 발휘하고 있는 것도 분명한 사실입니다. 심리 검사에서 사용되는 TAT(Thematic Apperception Test : 주제통각검사)나 게슈탈트 상담 도구인 GRIP(Gestalt Relationship Improvement Program : 게슈탈트 관계성 향상 프로그램) 카드들, 마음자세카드나 그림상황카드 등과 결이 같다고 생각하면 이해가 빠를 수 있습니다.

타로의 종교적인 관련성이나 배타성은 전적으로 개인이 판단하고 선택해야 하는 영역이라 비평이나 논쟁이 가능한 부분이 아니며 심리상담에서는 전적으로 미술 상담 및 미술 치료 도구의 수준으로 한정됨을 명시합니다.

종교적인 신념에 의해 타로를 받아들일 수 없음이 불편하다면 시중에 나와 있는 오라클 카드를 상담 도구로 사용하는 것을 권합니다.

신탁(神託)이라는 뜻인 Oracle이라는 단어로 인해 오해의 소지가 있을 수 있지만 많은 수의 오라클 카드는 미술 그림 카드로서의 가치가 충분합니다. 카드를 그리고 만든 작가들의 직업과 취향에 따라 수십에서 수백 가지의 종류가 있으므로 미술 도구를 사용하는 상담을 하고자 하는 상담사의 개성을 반영할 수 있는 선택의 폭이 넓습니다. 단순 그림 카드로 활용하는 것뿐만 아니라 스토리텔링 등의 방식도 적용하는 등 어떻게 개발하느냐에 따라 매우 효율적인 도구로 사용될 수 있습니다.

3. 내담자의 욕구 오해석

여타 다른 방식의 심리상담과 마찬가지로 타로 상담 역시 내담자를 돕고 싶은 마음에 실수하게 되는 경우가 많습니다.

대표적인 실수는 내담자가 필요로 하는 바와 원하는 바를 상담사의 기준으로 해석하는 것입니다. 의뢰 내용이 흔한 사례면 더더욱 내담자의 고유한 특수성을 고려하지 않고(탐색하지 않고) 보편적이고 경험적인 사례와 동일하게 여겨 상황을 추측하고 일반적인 상식 수준에서 처리하려고 합니다.

다음은 한 내담자가 호소한 타로 상담의 실수 사례입니다.

내담자 A는 애인과 헤어질 마음의 준비를 하고 타로 리더를 찾아갔다. A의 연인은 A의 연락을 받지 않고 이리저리 피하고 다닌 시간이 오래되었고 이런 태도에 대해 A는 서운함이 깊어 애정을 유지하기가 힘들어졌다. A는 타로 리더에게 연인과의 관계에 있어 연락이 오지 않아 서운하다고만 말을 했고 지금 상황을 리딩해 줄 것을 요청했다.

타로 리더는 리딩을 통해 연인에게 곧 연락이 올 것이니 기다리라고 했다. 시간이 흘러도 연락이 오지 않아 A는 타로 리더에게 연락이 오지 않으니 타로 리딩을 다시 해달라고 요청했다. 타로 리더는 이번에도 카드에서 읽은 내용 그대로 곧 연락이 올 것이니 조금만 더 버티라는 메시지를 전달했다.

마음이 너무 힘들어 애인과 관계를 유지하고 싶지 않았던 A는 타로 리더에게 타로 리딩이 전혀 맞지 않는 데에 대해 항의하며 왜 그런 메시지가 나왔는지 따져 물었다. 타로 리더는 'A가 원하는 것이 연인에게 연락이 오는 것이라서 돕고 싶은 마음에 그랬다. 정 연락이 안 오는 게 답답하면 먼저 연락을 해 보라'고 답했고 이는 내담자에게 더 큰 분노를 불러일으켰다.

이 사례에서 타로 리더의 결정적인 실수는 이분법적인 해석으로 내담자를 희망 고문한 것입니다. A가 의뢰한 내용의 핵심은 연인에게 연락을 꼭 받아야겠으니 어떻게든 연락이 오게 해달라는 게 아니라 연인과의 관계가 힘들고 상대방이 나를 피하는 현실이 괴롭다는 점이었습니다.

타로 리더는 A가 연인의 연락을 기다리는 상황이라는 단편적인 상황에 집중하여 스스로 여기에 대한 확실한 지침을 주고 싶다는 주관적인 바람을 섞어서 타로 리딩을 진행하였습니다.

A의 속마음이 '연인에게서 오지 않는 연락'에 대한 것임은 맞으나 어느 정도로 연락을 기다리고 있는지 연락을 받고 싶어 하루하루가 고통인지 아니면 그 상황에 대한 분노가 더 큰 상태인지는 전적으로 A의 내면에 달려있으며 타인이 이를 함부로 추측해서는 안 됩니다. 행여나 카드에 나타난 메시지가 '상대방이 A에게 연락할 마음이 있다'는 직접적이고 노골적인 결과였다 해도 이를 액면 그대로 전달하는 것은 큰 오류로 이어질 수 있습니다. 사람의 마음은 흑백론이나 이분법으로 말할 수 있는 영역이 아니며 상황도 수많은 변수를 가질 수 있기 때문입니다.

이런 경우에는 '① 상대방이 아예 단절하고 절연할 생각이 있는 것은 아닌 것으로 보인다. 연락할 마음이 아예 없는 것도 아닌 듯한데 계속해서 잠수를 탄다면(연락이 없다면) 차마 연락하지 못하는 이유가 있을 수도 있다. 혹시 이유가 있다면 어떤 것이 있을 수 있을까, 짐작이 가는 바가 있는가?', 또는 '② 연락이 온다면 어떻게 대처하고 어떤 말을 하고 싶은가?' 등에 대해 이야기를 나누며 자연스럽게 무게 중심을 내담자에게 돌리고 내면을 탐색하도록 유도합니다.

 # 4. 카드에 나온 상징과 해석 부정(不正)

타로 상담을 진행하면서 상담사가 당황하게 되는 대표적인 경우 중 하나는 카드의 상징과 의미에 대해 내담자가 아니라고 부정할 때입니다. 그러나 내담자가 어떤 의미인지 모르겠다며 고개를 갸우뚱하는 경우가 아니라 대놓고 부정(不正)한다면 오히려 그 속에 내담자가 고민하는 문제의 핵심이 들어 있을 수 있습니다. 다음의 사례에는 이런 내담자의 마음이 잘 반영되어 있습니다.

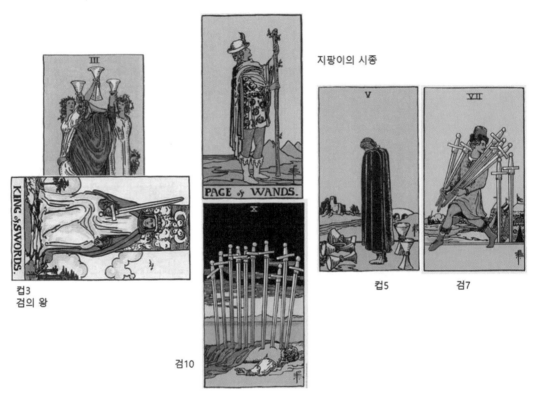

지팡이의 시종

컵3
검의 왕

검10

컵5   검7

아들의 진로가 걱정되는 엄마의 마음

평범한 가정주부인 내담자 B는 하나뿐인 아들의 진로에 대해 걱정이 이만저만이 아니다. 외아들이 군대를 제대한 후 휴학을 하고 집에만 머무른 지 오래되었는데 남편은 아이를 잘못 키웠다며 이를 전적으로 B의 잘못으로 치부하고 있다. B도 자신이 잘하면 아들이 성공한 인생을 살 수 있을 것이라고 확신한다. 좀 밀어붙일 수 있으면 좋겠는데 어떻게 해야 할지 몰라서 타로 리딩을 의뢰했다.

현재 상황은 검 10번, B는 엄마로서 해주어야 할 너무나 많은 의무에 짓눌려서 힘들어하고 있다. 원하는 것은 컵 3번, 세 사람이 마음을 나누며 즐겁게 사는 것이다. 그러나 이런 마음은 검의 왕에 의해 방해받고 있고 가로막혀 있다. 검의 왕에 대해서 '보수적이고 자수성가하였으며 자신이 하는 바를 끝까지 고집하는 사람'이라는 말에 내담자는 바로 자신의 남편을 떠올렸다.

가까운 미래는 컵 5번, 셋이서 행복하게 살고자 하는 마음은 계속 내동댕이쳐질 것이며 앞으로 검 7번의 상황이 올 것이다. 감당하기 힘든 의무로 위험한 상황에 있지만, 본인은 이를 모르고, 안다 해도 외면하고 주어진 의무를 위험하게 짊어진 채 계속 그대로 살아갈 것이다.

타로 리더가 지금 상황에서 가장 마음에 걸리는 힘든 부분은 어떤 것이 있을지 묻자 내담자는 '추진력 부족'이라고 단언했다. 카드에서 말하는 장애물이 남편이라는 결과에 대해 B는 남편은 장애물이 아니라 자신이 따라야 할 지침이라고 잘라 말했다. 남편은 항상 옳은 말을 하는 사람이며 엄마인 자신이 노력하면 노력하는 만큼 아들의 앞날이 밝을 수 있다. 그러므로 가장 큰 문제는 자신의 추진력 부족임을 거듭 주장했다.

사례에서 주관적인 판단을 철저히 배제하고 상황을 보면 몇 가지 알 수 있는 사실이 있습니다. 일단 남편이 아내에게 아들의 삶에 대해 부당한 책임감과 부담을 지우고 있습니다. 남편이 아내를 강력하게 조종하고 통제하고 있지는 않은지 의심되는 상황입니다.

또한 20대 중반인 아들의 삶이 가정주부인 엄마의 의도대로 좌지우지될 것이라고 믿는 것도, 또 그런 엄마의 노력으로 인해 아들이 대성(大成)할 것이라고 믿고 상황을 몰고 가는 것도 큰 착각입니다. 어쩌면 부부 사이에 문제가 있다고 나온 카드는 정확하게 상황을 표현한 것일 수 있습니다.

이렇듯 내담자가 아무 의미 없다고 주장하는 카드가 가끔 전체 문제의 핵심일 때가 있습니다. 하지만 B는 이런 사실을 받아들일 준비가 전혀 되어 있지 않습니다. 자칫 잘못하면 '카드가 맞다, 지금 당신은 남편의 독선적인 행동과 언사에 휘둘려 상황을 똑바로 보지 못하고 있다'며 내담자의 인생에 대해 함부로 언급함으로써 상담이 파국으로 치달을 수도 있습니다. 그렇기에 함부로 언급해서도 안 되지만 그런 식으로 왈가왈부하는 것이 딱히 의미가 있지도 않습니다.

실제로 남편과의 관계는 한두 해에 걸쳐 뿌리를 내린 단순한 문제가 아니기에 내담자가 이를 전혀 인지하지 못하는 것은 아닐 수 있습니다. 그런데도 내담자가 부부의 불화를 암시하는 카드에 대해 거부 반응을 보인 것은 그 사실이 맞고 틀리고 혹 의미가 있고 없고를 떠나서 본인이 궁금해하는 부분이 아니었기 때문입니다. 본인이 듣고 싶은 말과는 거리가 멀어도 한참 멀었을 것입니다.

이럴 때는 내담자 마음에 가려진 숨은 의도가 아닌 바로 눈앞에 놓인 이슈만을 붙잡고 내담자가 당장 듣고 싶은 말에 집중하는 것이 유일한 방법입니다. 일단 아들의 생활에 대한 스트레스가 강한 상태이므로 장애물 카드에 대한 탐색은 접어두고 타로 리딩의 방향은 곧장 아들에게로 집중되었습니다.

아들은 메이크업 아티스트와 모델이 되는 꿈을 갖고 있었습니다. 옷을 사고 워킹 연습을 하고 화장을 배우는 행위 등이 보수적인 아버지에게 결코 좋아 보였을 리가 없습니다. B 역시 처음 만난 상담사에게 이런 사실을 이야기하는 것이 상당히 부끄럽고 수치스러워 보였습니다.

두 번째 카드 리딩의 주제는 아들의 속마음과 앞으로의 모습, 그리고 엄마로서 B가 해주어야 할 일은 어떤 것이 있는 지로 정했습니다.

아들의 마음 카드로는 메이저 카드 0번 The Fool, 미래는 1번 The Magician이 나왔습니다. 이를 위해서 엄마인 B가 해주어야 하는 일로는 3번 여황제가 나왔으며 B에게 전달한 타로 리딩 결과는 다음과 같습니다.

아들의 현재와 미래, 엄마가 가져야 할 태도

아들은 자유로운 영혼이다, 자신이 가진 모든 것을 포기하는 일이 생겨도 고집스럽게 험난한 자기 길을 향해 갈 것이다. 로맨티스트이며 순진하게 꿈을 향해 가는 젊은이다.

엄마로서 수용해주고 포용해주고 안아주는 것이 B가 할 수 있는 전부다. 인정해주고 힘들 때 쉴 수 있게 자리를 마련해주는 희생적이고 포근한 엄마가 필요하다.

엄마가 따뜻하게 지지해주면 아들은 연예계에서 성공한 사람이 될 수 있다(메이저 카드의 1번 The Magician : 팔방미인, 연예인, 능력자). 아들의 끼와 능력과 연예인 기질이 활짝 꽃필 수 있게 옆에서 많이 도와주어야 한다.

B는 듣고 싶은 말을 들었으므로 환하게 웃었고 한결 편해진 모습을 보였습니다. '아드님이 참 재능이 많다고 나오네요. 잘 이끌어주면 그 분야에서 충분히 성공할 수 있다고 나오는데, 남편 분은 그런 분야를 마음에 안 들어 하실 수도 있겠네요'라고 슬쩍 운을 띄우자 B는 '아이고, 마음 에 안 들어 하는 정도가 아니죠'라는 말을 시작으로 남편에 대한 원망과 억울함과 하소연을 쏟 아내기 시작했고 급기야 대성통곡을 하고 말았습니다.

타로 상담을 하다 보면 '마음의 걸림돌 및 장애물' 카드에는 별 관심이 없고 앞으로 어떻게 될 것인지나 봐달라고 요구하는 내담자들을 생각보다 자주 만나게 됩니다. 직접 요구하기도 하고 그런 뉘앙스를 풍기는 선에서 머무르기도 합니다. 이들은 타로를 이용한 내적 탐색이나 자아 통찰을 원하는 것이 아니라 그저 삶에 도움이 되는 예언을 받거나 좋은 말, 덕담, 격려 등을 듣 고자 합니다.

전부는 아니지만, 이들은 상당수가 중년 이상의 연령인 경우가 많습니다. 이들은 낯선 이에게 상처를 드러내는 것이 얼마나 위험한지 경험상 잘 알고 있기 때문에 라포가 형성되지 않은 누 군가의 앞에서 자신의 아픔이나 치부를 드러내는 것에 대해 강한 거부감을 가집니다. 어떤 점 이 힘든지 본인이 잘 알고 있다고 확신하는 경우가 많지만, 극도의 회피에 지나지 않는 경우가 많은 것도 특징적입니다.

이런 내담자들과 장애물을 나타내는 마음의 걸림돌 카드를 보게 된다면 해당 카드의 키워드 를 먼저 제시하지 말고 '이 그림 속에는 당신 마음속의 불편한 부분이 투영되어 있다. 가장 눈에 잘 보이는 상징은 어떤 것이 있는가'라는 질문을 하는 것이 좋습니다. 뭔가 대답하기 위해서라 도 내담자들은 카드의 그림을 한번은 유심히 살펴보게 되며 마음속에 숨겨져 있는 연결 고리가 현실의 의식과 철컥하고 연결되는 순간을 만나게 됩니다.

타로 상담 한 번으로 뭔가 마음속 깊이 자리 잡은 문제가 해결되는 것은 불가능합니다. 타로 상담은 그런 문제가 마음속에 있음을 어렴풋이 느끼는 단계까지만 가도 100% 성공입니다. 한

번 의식으로 떠오르기 위해 움직인 마음은 비록 수면 위로 드러나지 않고 다시 가라앉는다 할지라도 의미가 분명히 있습니다. 한 번 느껴진 존재가 지워지는 것은 쉽지 않기 때문입니다.

타로 상담을 한번 받고 돌아간 내담자가 두 번 세 번씩 찾아오는 이유도 그런 맥락이며 결국 개인 심리상담을 받게 되는 것도 필연적인 흐름이라고 할 수 있겠습니다.

 ## 5. 오라클 카드 병행

오라클(Oracle)은 신탁(神託)이라는 뜻을 가지고 있으나 종교적인 영향력을 갖고 있지는 않습니다. 오라클 카드의 활용 여부는 타로 카드에 비해 카드를 사용하는 이의 역량에 크게 영향을 받습니다.

타로 카드는 메이저 카드 22장, 마이너 카드 56장이라는 형식을 유지하고 상징과 의미도 비슷하게 적용되지만, 오라클 카드는 형식과 장수에 일관성이 없으며 제작한 작가의 의도와 취향에 따라 이미지에 반영되는 주제와 상징 등이 매우 다양합니다. 이미 카드 자체에 작가의 주관적인 취향과 상징, 메시지 등이 반영되어 있으므로 굳이 내담자에게 카드에 대한 상담사의 주관적인 해석을 전달할 필요가 없으며 대부분이 단어나 문장이 중심이 되어 있으므로 이미지만으로 메시지를 제시하는 타로 카드의 취약성을 보완하는 도구로 많이 사용됩니다.

덕분에 단정적이고 확실한 지시를 요구하는 내담자에게는 타로 카드에 더하여 오라클 카드를 함께 사용함으로써 효율적인 리딩을 이끌어갈 수 있습니다. 물론 이런 부분이 장점으로 작용하기 위해서는 타로 리더가 오라클 카드를 선택할 때 그림이나 모양뿐 아니라 카드별로 어떤 방식의 메시지가 들어 있는지를 먼저 정확하게 이해하고 있어야 합니다.

오라클 카드만을 단독으로 사용하여 타로 카드처럼 리딩을 할 수도 있습니다만 카드별로 종류와 상징이 매우 많고 독특해서 일관되게 리딩 방식을 적용하기에는 무리가 있습니다. 또한, 오라클 카드의 메시지들은 대부분이 영문으로 적혀 있어 내담자가 영어 문장 해석에 능숙한 경우가 아니라면 의미하는 바를 바로 이해하기 힘들다는 장점(?)도 있습니다. 오라클 카드를 사용하고자 하는 상담사는 자신이 사용하는 오라클 카드의 세심한 의미 하나까지도 알고 있어야 하며 스스로 보완하기 힘든 경우 오라클 카드를 활용하는 워크숍에 참여하여 도움을 받을 수 있습니다.

이미지에 더하여 하나 이상의 영문으로 된 주제어를 함께 표기한 오라클 카드로는 대표적으로 엘 퀴 오라클(Elle Qui Oracle), 젠틀 위즈덤 오라클카드(Gentle Wisdom Oracle) 등이 있으며 영어 문장을 함께 표기한 제품으로는 드림 오라클(Dream Oracle), 러버스 오라클(Lovers Oracle), 천사와 요정의 영적지혜 오라클(Inspirational Wisdom from Angels & Fairies) 등이 있습니다. 아예 별다른 이미지나 상징 없이 오직 문장으로만 이루어진 독특한 오라클 카드로 머니 매직 매니페스테이션(Money Magic Manifestation Cards)이 있으며 이 제품은 금전에 관련된 리딩 의뢰를 받을 경우를 위해 특별히 제작된 오라클 카드입니다.

문장과 메시지가 들어 있는 오라클 카드는 대부분 밝고 희망차며 긍정적인 내용만 들어 있는 경우가 많습니다. 힘든 내담자들의 마음을 격려하는 데는 효과적이지만 당장 힘들어하는 현재의 마음을 대변해주기에는 부족합니다. 또한, 메시지가 아닌 영어 단어와 상징으로 이루어진 오라클 카드는 영어 단어의 뜻이 매우 다양하고 여러 가지 해석이 가능한 경우가 많아 상담사와 내담자가 동시에 혼란에 빠질 수 있습니다.

예를 들어 엘 퀴 오라클 카드의 경우 'RANAE'라는 이름의 카드에 대해 주어진 키워드는 'Relationship'과 'Love, Hope'입니다. 뜻이 간단명료하여 주호소와의 연결과 리딩이 비교적 쉽습니다. 그러나 'ZENITH'라는 이름의 카드에 주어진 키워드는 'Formulate, Strategize', 그리고 'Devise'입니다. 'Formulate'는 뭔가를 공식화하고 세심하게 만들어내는 행위를 말하며 'Strategize'는 빈틈없이 계획을 세우고 전략을 짜는 행위, 그리고 'Devise'는 어떤 객관적인 자료를 통해 무엇인가를 만들어내고 고안하는 행위를 말합니다.

3가지 단어의 뜻이 상통하므로 이해가 어렵지는 않지만, 말로 풀어내어 리딩에 적용하는 것은 쉽지 않습니다. 해석의 범위가 넓은 만큼 상담사는 주관적으로 받아들인 느낌을 객관적으로 끄집어내어 해석할 수 있어야 합니다. 그렇게 되기 위해서는 각 단어들이 주는 의미를 완전히 이해하고 있어야 하며 이를 활용해 본 실제 경험도 충분히 쌓여 있어야 합니다.

효과적인 활용법은 오라클 카드를 주(主) 카드의 보조 도구로 이용하는 것입니다. 예를 들어 유니버셜 웨이트 타로 카드를 주(主) 카드로 사용할 경우, 현재 마음 상태, 마음의 걸림돌이 되는 존재, 해결책 등의 카드를 고르게 됩니다. 대부분의 리딩 마지막 부분에는 상황을 해결하기 위해 내담자가 가질 태도 카드를 고릅니다. 이때 내담자가 부연 설명을 원하는 경우(또는 해결책의 의미가 잘 와닿지 않는 경우) 긍정적인 의미의 문장이 쓰여있는 오라클 카드로 해결책을 한 장 고르도록 하면 그림과 상징만으로 이루어진 해석의 답답함과 모호함을 명쾌하고 분명한 문장으로 다시 전달함으로써 내담자의 마음이 편안해지는 효과가 있습니다.

키워드의 종류나 문장의 스타일 등에 따라 세심하게 골라야 하는 이유는 모든 오라클 카드가 다 긍정적인 메시지를 전달하는 것이 아니기 때문입니다. 앞서 말한 엘 퀴 오라클 카드는 슬픔에 빠져 있거나 복수에 불타고 있거나 혹은 망설이느라 아무것도 하지 못하고 있는 모습의 캐릭터 등이 포함되어 있어 해결책 카드로 병행하기에는 적합하지 않습니다. 그보다는 내담자가 현재 상태가 어떤지, 혹은 내담자의 내면 깊숙이 자리 잡은 자아가 어떤지 들여다보는 카드로 적합합니다.

드림 오라클 카드는 긍정적인 의미를 담은 쉬운 영문 메시지들이 따뜻하고 은유적인 일러스트와 함께 적혀 있어 해결책 카드로 제시하기에 적합합니다(간혹 문장이 모호하게 쓰여있는 경우가 있으므로 미리 영문 메시지의 의미를 파악해둘 필요는 있습니다).

오라클 카드는 작가들의 취향과 의도가 매우 명확히 반영된 창작품으로 카드 한 장 한 장이 모두 예술적인 가치가 있으므로 이미지를 함부로 책에 싣거나 인용할 수 없어 명칭을 언급하는 것으로만 소개를 마칩니다. 자세한 활용법이나 이미지는 각종 오라클 카드를 주제로 한 워크숍 프로그램에 참가하시거나 인터넷이나 유튜브 검색을 활용하시기 바랍니다. 【6-ⓚ 오라클 카드】

타로 상담 의뢰를 살펴보면 연령별로 관심사가 확고하게 차이가 납니다. 2~30대 청년 내담자들은 자신들의 진로 및 직업과 관련한 의뢰가 가장 많고 중년 이상의 내담자들은 금전 관계에 관련된 의뢰가 많습니다.

또한 연령을 불문하고 가장 많은 의뢰는 연애 및 대인관계에 관련된 이슈들입니다. 타로 상담을 의뢰한 이들의 대부분이 금전과 대인관계(연애)에 대한 궁금증을 가지고 있다고 보아도 무방할 것입니다. 이 분야는 삶에 있어 가장 불확실하면서도 가장 궁금하고 가능한 한 정확히 예측하고 싶은 부분이기도 합니다.

그리고 최근 눈에 띄게 각광을 받는 분야로 펫 타로(Pet Tarot)가 있습니다. 단순히 애완(愛玩)의 차원이 아닌 반려(伴侶)의 자리로 올라선 동물들의 입지를 반영합니다. 1인 가구가 급속히 늘어가는 가운데 관계에 대한 욕구를 충족시켜주고 외로움을 달래주어 가족 못지않게 깊은 애정을 받는 대상이기도 합니다.

이와 관련되어 여러 관점에서 동물을 주제로 한 수많은 타로 및 오라클 카드들이 제작되어 시중에 널리 유통되고 있습니다. 말은 못해도 마음을 가지고 있음이 분명한 소중한 반려동물과 소통하고 싶은 욕구를 해소할 수 있는 도구로 인기가 높습니다. 최근에는 단순히 펫 타로 리딩을 의뢰하는 수준을 벗어나서 직접 펫 타로를 배워서 반려동물들과 소통하려는 사람들이 늘어나는 추세입니다.

타로 상담에 있어 금전운과 연애운 및 펫 타로 관련 의뢰를 받게 될 경우를 위해 효율적인 대처법을 미리 알아두는 것은 상담을 포함한 자연스러운 타로 리딩에 있어 많은 도움이 될 것입니다.

5장

특수 분야 리딩
：금전 & 연애 & 펫(Pet)

금전적인 부분은 질문 자체가 좋은가 나쁜가로 들어오는 경우가 대부분이기에 얼떨결에 이분법적인 대답을 얻기 위한 리딩으로 진행될 위험성이 높습니다. 게다가 대부분의 내담자가 긍정적인 대답을 바라는 분위기가 확고하므로 마음이 여리고 따뜻한 상담사일수록 말실수를 하기 쉽습니다.

　이를 미연에 방지하기 위해 부동산 투자나 주식, 또는 금전적인 요행(僥倖)에 관련된 질문에 있어 수월하게 대처할 수 있는 자신만의 방어적인 멘트를 몇 가지 준비해두는 것이 좋습니다.

　예를 들어 '좋은 금전운이 들어올 때마다 큰돈을 벌게 된다면 힘들여서 일할 필요가 없다'라던가 '타로 카드를 가지고 금전적인 요행(僥倖)을 부르는 법을 알 수 있다면 이 자리에 상담사로서 앉아있지 않을 것이다'라는 등의 말을 농담 삼아 편안하게 건넬 수 있습니다.

　물론 시작부터 이런 말을 꺼내는 것은 금물이며 이런 멘트가 상담마다 꼭 필요한 것도 아닙니다. 상황이 지나치게 운세와 요행 쪽으로 치우칠 때 내담자를 다시 제자리로 돌아오게 하기 위한 고육책(苦肉策)입니다. 내담자를 금전적 요행을 바라는 한심한 사람으로 만들며 자존감을 깎아내리거나 자존심을 상하게 하는 것은 올바른 상담의 방향이 아닙니다.

　실제로 타로 카드 몇 장을 골라 리딩하여 좋은 금전운을 읽을 수 있고 그에 기대어 큰돈을 버는 것이 가능하다면 굳이 힘들게 일하지 않고 차라리 좋은 기운을 불러들이는 기도에 집중하거나 영험한 부적을 써서 좋은 금전운을 불러들이는 데 최선을 다하는 것이 풍요로운 인생에 있어 더 효율적일 것입니다. 내담자들이 이 사실을 몰라서 타로 상담 장면까지 찾아와 금전운을 묻는 것이 아님을 인지하는 것이 중요합니다.

　금전에 관련된 운(運)을 논할 때는 정말로 그런 기운이 있고 없음에 집중할 필요가 없습니다. 금전운이 좋기를 기대하는 사람은 대부분 자신이 한 일에 대한 좋은 대가를 바라는 깊은 염원을 가진 경우가 많기 때문입니다. 혹 어떤 노력이나 행동이 기반 되지 않고 금전운 리딩을 의뢰한다면 그저 말 그대로 재미로 시간을 보내려는 단순한 의도이며 앞으로의 삶에 있어 그저 덕담을 듣고 싶은 정도의 바람입니다. 진심으로 자신의 금전운이 앞으로 어떨지를 진지하게 고민하는 이가 있다면 이는 기존에 노력해온 만큼 혹은 앞으로 노력해 갈 분야에 있어 조금이라도 나은 길을 가고 싶다는 욕구를 반영하는 것입니다.

그러므로 금전운에 대한 타로 리딩을 의뢰받으면 먼저 금전적인 이슈에 관련된 내담자의 전후 상황을 파악하고 어떤 점을 기대하고 있는지 질문을 통해 구체화할 필요가 있습니다. 그저 재미 삼아 질문하고 좋은 말을 듣고 만족할 수준인지 아니면 정말로 기대하는 구체적인 이슈가 있어서 그에 대한 바람을 담은 것인지에 따라 타로 리딩에 임하는 깊이는 반드시 차이가 납니다.

2. 금전운 리딩 방법

♦ Minor Card - 동전(Pentacle) 14장 사용

금전운은 말 그대로 '돈'에 관련된 분야이기에 상징이 여러 가지일수록 헷갈리거나 애매하게 리딩이 진행될 수 있습니다. 가장 쉽고 명쾌한 리딩법은 타로의 상징 중 '동전'이 등장하는 총 14장의 카드들만 따로 추려서 사용하는 것입니다. 의미하는 바가 명확하므로 리딩이 쉽고 분명해집니다.

단 78장의 카드가 늘 두서없이 섞여 있는 상태이므로 금전운 리딩을 의뢰받을 때마다 14장의 동전(Pentacle) 카드를 추려내어서 사용하기는 번거롭습니다. 금전운 리딩을 의뢰받는 경우가 잦다면 유니버셜 웨이트 타로 카드를 따로 마련해서 동전(Pentacle)에 해당하는 14장만 따로 추려 두는 것도 좋은 방법입니다.

똑같은 카드를 두 벌로 마련하는 것은 여러모로 부담될 수 있고 또 카드가 섞일 경우 혼란스러울 수 있으므로 좋은 방법이 아닙니다. 유니버셜 웨이트 타로 카드의 경우 그림은 똑같지만 사이즈가 완전히 다르게 제작된 제품들이 많습니다. 휴대하기 간편하고 손이 작은 사람들에게 적합한 미니 카드도 있고 집단 상담이나 눈이 나쁜 어르신들을 위해 시원시원하게 인쇄된 큰 사이즈의 카드도 있습니다. 취향과 사용처에 맞게 골고루 구비하여 자신이 선호하는 크기의 카드는 주(主) 사용 카드로 놓고 다른 크기의 카드에서 동전(Pentacle) 14장만 골라서 사용하는 것을 추천합니다.

유니버셜 웨이트 타로 카드에서 14장의 동전(Pentacle) 카드를 금전운 리딩에 사용할 경우 주제어와 리딩 내용은 다음과 같습니다.

Ace Pentacle

: 새로운 수익이 나는 기회를 갖게 된다.

: 금전적으로 확실한 이득을 취하게 된다.

Pentacle 2

: 돈의 균형을 맞춰야 할 일이 생긴다.

: 금전적인 흐름이나 수익의 창출이 끊임없이 생겨나지만 적절하게 조절하기 위해 계속 힘을 쓰게 된다.

Pentacle 3

: 흐름도 좋고 전망도 좋으나 당장은 금전적인 이윤으로 연결되지 않는다.

: 수익이 생겨날 때까지 잠잠하게 기다려야 하는 때다.

Pentacle 4

: 금전적으로 풍요로우나 아깝게 여길만한 기회가 자꾸 생겨 심기가 불편하다.

: 타인과 나누거나 소통하지 못하고 돈줄을 꽉 쥐고 있다.

Pentacle 5

: 금전적으로 암울한 상황이며 이윤을 창출할 길이 보이지 않는다.

: 주변인들은 도움이 안 된다.

Pentacle 6

: 돈을 사회에 환원하거나 타인에게 빌려주게 된다

: 오차 없이 정확한 이익을 분배하거나 분배받게 된다.

Pentacle 7

: 투자한 영역에서 고생스러워도 이익과 성과를 받게 된다.

Pentacle 8

: 느리지만 꾸준한 수익이 계속해서 창출된다.

Pentacle 9

: 본인의 노력으로 이룬 풍요로운 경제 상황 속에 안주한다.

: 금전을 타인과 나눌 필요가 없거나 스스로 그럴 의도가 없다.

Pentacle 10

: 상속을 받거나 부유하고 안정된 상황에 들어선다.

Pentacle Page

: 넉넉한 흐름 속에 깐깐하게 돈을 관리하고 신중하게 다룬다.

Pentacle Knight

: 금전적인 흐름이 멈추거나 느리다.

: 풍족한 금전을 누리지만 인내심이 필요한 때다.

Pentacle King

: 경제 상황이 윤택하며 지금 당장은 돈이 움직이는 시기가 아니다.

Pentacle Queen

: 부족함 없이 풍요로우나 검소한 생활을 하며 매사에 절제하는 편이다.

◆ 머니 매직 매니페스테이션 카드 사용

오라클 카드 중 금전운을 보기 위해 특별히 제작된 제품으로 '머니 매직 매니페스테이션 카드(Money Magic Manifestation Cards)'가 있습니다.

총 48장의 카드로 이미지는 따로 들어 있지 않고 돈과 관련된 직접적인 메시지가 영문으로 적혀 있습니다. 메시지는 '나는 돈이 명백하게 내 수중에 들어올 수 있게 할 수 있고 그럴 능력이 충분하다(I trust my ability to manifest money)'라든가, '내 진심에 부합되지 않는 바에 대해서는 No라고 말해도 된다(I have Permission to say no when it doesn't align with my truth)'라는 내용 등으로 구성되어 있으며 대부분 금전과 관련한 희망적이고 진취적인 내용입니다. 금전운 리딩을 의뢰받을 시 단독으로 사용하거나 타로 카드와 함께 사용하면 효율적입니다.

3. 연애운 리딩 시 유의점

타로 상담을 시작한 이래로 가장 많이 의뢰받은 리딩 주제를 다루라면 단연 '연애'입니다. 무겁게 보자면 한없이 무겁지만 가볍게 보자면 또 한없이 가벼울 수 있어서 그만큼 흔하고 일상적인 주제입니다.

연애운을 의뢰받아 리딩을 진행할 때는 두 가지 주요한 주의사항이 있습니다. 우선 첫 번째로 그 자리에 있지 않은 타인의 마음을 나타내는 카드를 고르는 경우가 있어 주의가 필요합니다. 타로 리딩을 의뢰한 이가 상대방(타인)의 마음을 궁금해하는 마음을 충분히 이해하고 공감하되 리딩 결과가 절대적이지 않다는 사실을 분명하게 인지시킬 수 있어야 합니다.

다음으로는 연인 관계에 있는 두 사람이 와서 관계에 대한 타로 리딩을 의뢰하는 경우입니다. 일반적인 리딩보다 훨씬 더 신중을 기할 필요가 있습니다. 긍정적이고 희망적인 카드만 나온다면야 별문제가 없겠지만, 상대방 때문에 힘들어하고 있다는 암시가 나올 경우가 상당히 많습니다. 아무리 결과가 파격적이고 부정적이어도 면전에 대고 당신은 저 사람 때문에 혹은 저 사람은 당신 때문에 힘들어하고 있다고 이야기하는 것은 금물입니다.

연인 간의 타로는 순수하게 재미로 볼 수도 있겠지만 뭔가 불편하고 문제가 있어 해결하고 싶거나 혹은 상대방에게 스스로는 전하지 못하는 마음이 있는데 전달하고 싶어서 찾아오는 경우도 상당합니다. 연애 타로 리딩의 경험이 쌓여갈수록 드는 생각은 '관계에 아무 문제가 없다면 굳이 갈등을 야기할 위험이 있는 타로를 보려고 할 리가 없겠구나' 하는 것입니다.

연인의 마음을 나타내는 카드가 부정적으로 나온 경우, 심지어 그에 해당하는 당사자가 바로 앞에 있다면, 타로 리더가 어떻게 표현하느냐에 따라 당사자들의 연인 관계가 크게 영향을 받을 수 있습니다.

예를 들어 10개의 칼에 찔려 반쯤 죽어가고 있는 고통스러운 상황을 나타내는 검 10번 카드가 상대방에 대한 마음으로 나왔습니다. 검은 의무나 책임을 뜻합니다. 관계에서 의무나 책임은 보편적인 원리와 원칙을 뜻하기도 합니다. 상대방과의 연인 관계를 유지함에 있어서 지켜야 하는 원칙이나 주어진 의무가 너무 많거나 부담스러워서 힘들고 고통스러운 상황임을 암시합니다. 이 카드에 대한 이유로 펜터클의 왕이 나왔습니다. 모든 것을 완벽하게 이룬 사람의 모습입니다. 연인이 요구하는 규칙이나 의무에 대해 힘들고 고통스럽지만 정작 상대가 너무나 완벽하고 빈틈이 없는 데다가 현실적으로 뭔가 꼬투리 잡아 이야기할 여지도 없어 숨이 막히고 답답해하고 있다는 리딩이 가능합니다.

타로 리더가 눈앞에 있는 의뢰인의 연인에게 당신이 너무 완벽하고 강요하는 게 많아서 의뢰인인 연인이 힘들어하고 있다고 직설적으로 전달할 경우 혹 이것이 정확히 맞아떨어지는 리딩이라 할지라도 궁극적인 결과는 좋지 않을 수 있습니다.

예를 들어 리딩을 들은 상대방이 '내가 너를 힘들게 하냐, 그럼 말을 하지 그랬냐'고 직설적으로 따지고 들고 의뢰인이 '이 결과는 내 마음을 말하는 것이 아니며 나는 상대를 그다지 완벽한 사람으로 보고 있지 않다'며 화들짝 놀라 부정하고 뒷걸음쳤다면 다음 상황이 어떤 방향으로 어떻게 갈지 여러 가지로 가늠해 보더라도 두 사람의 관계에 도움이 되는 쪽으로 가기는 힘들 것입니다.

이럴 때는 적당히 돌려서 또는 에둘러서 말하는 기술이 필요합니다. '아, 지금 마음이 많이 힘드시군요. 원리 원칙과 의무 등으로 부담스러운 상황으로 보이는데 어떤 부분이 있을까요?'라고 질문하거나 평소에 연애하는 데 있어 겪었던 어려움으로는 어떤 것이 있는지 등 애매하게 질문을 던짐으로써 결과를 간접적으로 전달하는 것이 좋습니다.

연인과의 관계에 있어 타로 리딩을 의뢰하는 이들 중에는 재미로 타로를 보자고 상대방을 데리고 와서 자신이 평소에 의심하는 바를 카드를 통해 확인하려고 하는 경우가 간혹 있습니다. 외도나 바람과 같은 상황을 의심하던 중 어느 정도 권위를 갖춘 듯한 느낌을 주는 타로 리더의 손과 입을 통해 이를 듣고 나면 상황은 말할 수 없이 나쁘게 변합니다. 타로 리더는 뜬금없이 생생한 막장 드라마의 한 장면이 눈앞에서 연출되는 상황을 지켜보게 될 수도 있습니다.

아무리 객관적인 의미의 전달이라 할지라도 모든 것을 곧이곧대로 전달하는 것이 항상 옳은 방법은 아닙니다. 카드는 명확한 키워드로 상황을 말하지만 얽히고 얽힌 인간관계는 훨씬 더 복잡하고 다양하기 때문에 말 한두 마디 키워드, 한두 가지로 표현될 수 있는 것이 아님을 항상 염두에 두어야 합니다.

카드 리딩 결과 명명백백하게 그런 불행한 상황이 반복해서 암시된다면 타로 리더는 이 사실을 어떻게 알려줄까를 고민하기에 앞서 리딩을 의뢰한 의뢰인이 이런 사실을 어느 정도까지 인지하고 있는지 탐색해 볼 필요가 있습니다. 전혀 모르는 경우도 아주 드물게 있지만, 어느 정도는 짐작하고 있는 이들이 대부분입니다. 반신반의하면서 의뢰했는데 상담사의 입에서 자신이 두려워하던 결과를 듣게 되면 아이러니하게도 충격을 심하게 받게 되곤 합니다. 성향에 따라 상황을 강하게 부인하고 싶을 수도 있고 수치스럽고 암울한 상황의 책임을 돌릴 상대를 다급히 지목하고 싶어지기도 합니다(엉뚱하게도 눈앞의 상담사가 그런 말을 전달했다는 이유만으로 원망의 표적이 될 수도 있습니다).

연인 커플이든 개인 내담자든 애초에 그런 아픔과 고통을 확인하자고 또는 관계를 박살 내자고 타로 리딩을 의뢰하는 것이 아님은 분명합니다. 다른 주제면 몰라도 연애를 주제로 한 리딩에 있어서 극단적인 결과를 말하는 카드가 나오면 '이것이다' 하고 잘라 말하는 것은 되도록 지양하고 '그럴 가능성이 있음'을 염두에 두고 최대한 부드럽게 돌려서 전달하도록 합니다.

명확한 결과를 제시하지는 않으면서 계속해서 합리적인 의문과 가능성을 제시하면 내담자는 어느 순간 자신이 생각해오고 의심하던 바를 억울함과 슬픔 등의 감정과 함께 털어놓게 됩니다. 【6-① 카드의 의미 직접/간접적으로 전달하기】

리딩 결과를 솔직하게 전달하지 않는 것에 대해 죄책감이나 불편함이 느껴질 수도 있습니다. 그러나 합리적인 의문과 가능성을 부드럽게 제시하는 것은 감정에 빠진 내담자를 정신차리게 하는 효과가 있으며 결국 내담자의 입으로 상황에 대한 정확한 판단을 말하게 하는 결과를 낳습니다. 여기까지만 갈 수 있다면 타인일 수밖에 없는 상담사가 직설적으로 사실을 전달하는 것보다 훨씬 내담자에게 긍정적인 효과를 줍니다.

타로 상담의 목표는 사실을 전달하면서 내담자를 팩트 폭행하는 것이 아니라 마음을 편하게 안정시켜주고 상황을 이해시켜 더 나은 삶을 살 의지를 갖도록 돕는 것입니다.

 # 4. 연애운 리딩 방법

✦ Major Card 22장 사용

78장의 타로 카드 중 메이저 카드 22장은 인물이 중심이 되는 스토리와 풍부한 상징을 포함하고 있어 대인관계 및 인물의 상호작용을 이야기하기에 적합합니다.

오로지 연인과의 관계, 애정 관계에만 무게를 둔 리딩 내용은 다음과 같습니다.

0번 바보(The Fool)

순수하게 사랑하고 좋아하며 순간에 충실하다.

관심을 간섭으로 오해하거나 구속으로 오인할 수 있다.

1번 마법사(The Magician)

인기인이며 재주꾼이라 관계에 아쉬워하지 않는다.

한 사람에게 집중하는 것이 힘들어 바람기가 있다.

2번 여사제(The High Priestess)

도도하고 차가우며 감정을 드러내지 않는다.

연애에 별로 관심이 없고 공부와 자기 단련에만 힘쓴다.

3번 여황제(The Empress)

따뜻하고 포용적이며 남을 챙기려 드는 사람이다. 늘 풍요로움을 추구하는 면이 있어 남에게 과시할 수 있는 잘 갖춰진 외양을 보이고 싶어 하고 허영심이 있거나 사치스러운 취미를 가지고 있을 수도 있다.

4번 남자 황제(The Emperor)

무뚝뚝하고 감정 표현이 서툰 재미없는 사람이라는 인상을 준다. 책임감이 강하고 신뢰할 수 있으나 고루하고 보수적이며 늘 화가 나 있다는 오해를 산다.

5번 교황(The Hierophant)

알콩달콩한 연애보다는 존경받고 존경하는 관계의 연애를 하거나 실제로 나이 차가 많이 나는 관계일 수도 있다. 정신적인 수준이 차이가 나는 편이라 한쪽이 다른 한 쪽에게 관리받거나 많이 의지한다.

6번 연인(The Lovers)

사랑에 푹 빠져 있다. 매력적이고 낭만적이며 감정이 충만한 사랑을 한다. 애정이 기반이 된 유희를 즐기고 육체적인 관계의 만족도도 높다.

7번 전차(The Chariot)

연애 관계가 시작되면 저돌적이고 추진력 있게 애정 관계를 이끌어 간다. 늘 화끈하고 신나며 대외적으로 과시할 수 있는 여러 이벤트가 연애의 주(主)가 된다. 정신없이 관계에 매달리고 요란하게 달리다가 어느 순간 힘이 한꺼번에 빠져버릴 수도 있다.

8번 힘(Strength)

인내하고 기다리고 참을성 있게 상대를 길들이는 시간이 필요한 관계다. 한쪽이 힘이 세고 제압하기 힘든 강한 상대로 보이지만 사실 부드럽고 여려 보이는 상대방에게 주도권이 가 있는 관계라 곁에서 보는 것과 실제가 다를 수 있다.

9번 현명한 자/은둔자(The Hermit)

외로운 사랑. 애정이 없는 것은 아니나 자기 자신을 더 중요하게 여기는 연인 때문에 심하게 마음 앓이를 한다. 혹은 어쩔 수 없이 자신이 더 중요하여 상대방이 귀찮아지기도 하면서 미안한 마음이 든다. 육체적인 관계에는 딱히 관심이 없고 정신적이고 지적인 쾌락에 치우친다.

10번 운명의 수레바퀴(Wheel of Fortune)

운명적으로 엮여서 싫든 좋든 발을 빼기가 힘들다. 변화가 없어 보이고 지루하기까지 한 반복된 관계지만 장기적으로는 진전이 이루어지고 있어 계속해서 엮이게 된다.

11번 정의(Justice)

매사에 정확하게 계산을 하며 부족하게 주지도 않고 더 주지도 않는 차가운 관계다. 주고받는 데에 있어 마음이나 물질적인 가치가 확실하여 감정에 휘둘려 상처받는 일은 적으나 로맨틱하거나 감성적인 분위기와는 거리가 멀다.

12번 거꾸로 매달린 사람(The Hanged Man)

한쪽이 일방적으로 참고 견디고 때로는 희생하는 관계다. 그러나 무작정 참고 기다리는 것은 아니며 반드시 그 가치가 결과로 되돌아오게 되므로 고통스럽게 견디지는 않는다.

13번 죽음(Death)

관계의 끝과 시작이 동시에 작용하고 있는 중이다. 끝이라는 면에서 보면 이별이나 헤어짐일 수 있고 새로운 시작이라고 보면 청혼을 받거나 관계의 극적인 진전을 의미할 수도 있다. 어떤 쪽이든 지금까지 유지해 온 관계에 있어 큰 변화를 겪게 된다.

14번 절제(Temperance)

기운이 막상막하로 센 두 사람이 서로를 위해 많은 것을 참고 견디고 조화를 이루기 위해 애쓰고 있다. 서로의 스타일을 잘 알고 있기에 선을 넘지 않으려는 마음으로 배려하고 있고 서로에게 원하는 것이 있어도 과하게 요구하지 않고 가능한 만큼만 나누기 위해 마음을 잘 다잡고 있다.

15번 악마(The Devil)

유혹이 있다. 고혹적이고 아름다워 헤어나오기가 힘들다. 유혹에 빠져 위험해질 가능성이 큰 만큼 유희가 즐겁고 행복하다. 지금 발을 들이고 있는 관계가 어떤 점에서 나를 휘어잡고 있는지 제대로 보지 않으면 결국 이 관계가 주는 고통에 빠져들게 된다.

16번 탑(The Tower)

예기치 못한 커다란 충격이 와서 관계의 변화를 일으킨다. 방해하는 세력이 강하게 작용하여 기존에 유지되던 안락하고 행복한 생활을 더는 지속하지 못한다.

17번 별(The Star)

이상형을 꿈꾸며 홀로 애태우는 사랑을 하고 있다. 온 마음을 쏟아내며 상대방을 생각하는 마음은 늘 행복하고 황홀하며 하늘의 별을 바라보는 마음으로 동경한다.

18번 달(The Moon)

골치가 아픈 관계다. 어쨌든 유지되는 관계인데 주변에서 왈가왈부 말도 많고 속 시끄럽고 자잘한 사건들이 끊이질 않는다.

19번 해(The Sun)

따뜻하게 감싸주는 열정으로 가득한 관계다. 절대적인 힘을 가진 강력한 존재가 든든하게 지지해주는 가운데 안정적으로 관계를 유지할 수 있다.

20번 심판(Judgement)

헤어졌던, 또는 소원해졌던 관계가 다시 회복될 조짐이 있다. 마음속으로 포기했던 부분이나 접어야 했던 마음이 운명적인 계기를 만나 부활하여 새로 시작된다.

21번 세계(The World)

관계를 완성하게 된다. 애매하게 진행되어 온 관계에서 적극적인 관계로 전환된다. 청혼을 받거나 진지한 교제를 시작하거나 임신할 가능성도 있다.

✦ 로맨틱 타로(Romantic Tarot) 카드 사용

로맨틱 타로(Romantic Tarot) 카드는 금전운을 보기 위해 만들어진 '머니 매직 매니페스테이션 카드'와 마찬가지로 연애운을 집중해서 보기 위해서 제작되었습니다.

4개의 상징(Suit)이 나오고 메이저 카드가 22장이라는 점도 같으나 표현된 그림과 의미가 상당히 다르므로 훈련과 연습이 반드시 필요합니다.

로맨틱 타로를 포함하여 해외에서 제작된 다양한 종류의 카드를 구입할 경우 한글로 된 해설서가 제공되는 경우가 있어 활용하는 데 도움이 될 수 있습니다.【6-⑪ 오라클 카드 & 영문 타로 카드 활용 시 주의점】

✦ 러버스 오라클(Lovers Oracle) 카드 사용

러버스 오라클(Lovers Oracle) 카드는 총 45장으로 구성되어 있으며 딱딱한 재질의 두꺼운 종이로 된 커다란 하트 모양을 하고 있습니다.

앞면에는 부드러운 느낌의 다양하고 고유한 45종의 일러스트가 그려져 있고 뒷면에는 영문으로 문장이 적혀 있다는 특이점이 있습니다. 다른 오라클 카드나 타로 카드처럼 뒷면이 똑같이 생겨서 무작위로 모르고 고르는 방식이 아니라 다양한 일러스트를 보고 마음이 가는 대로 고르게 됩니다.

뒷면에 적혀 있는 문장은 한 편의 짧은 시와 같아서 심오한 내적 통찰을 유도합니다. 예를 들면 'Reflection : Give each other some space at the moment. Trust and have faith that all will work out for the best(반영 : 지금 이 순간 서로에게 잠시 공간을 마련해주어라. 최선의 결과를 이끌어다 줄 깊은 신뢰와 믿음을 가져라)' 등입니다.

러버스 오라클 카드처럼 한쪽 면은 일러스트로 반대쪽 면은 메시지로 된 카드들은 내담자가 눈으로 보고 선택할 수 있어 독특하고 흥미로운 방식일 수는 있지만 리딩이 여러 번 거듭될수록 내담자가 카드의 의미를 기억하고 임의로 같은 카드만 선택하는 오류가 생길 수 있습니다.

일러스트와 메시지가 앞뒤로 동시에 적혀 있는 카드를 사용할 때는 다음과 같은 방법을 사용하는 것이 좋습니다.

---

① 일러스트가 그려진 면을 위로 향하게 놓아 적혀 있는 메시지를 아래로 보이지 않도록 아래로 놓고 양손으로 이리저리 밀고 당겨가며 뒤적이는 방법으로 섞는다.

② 내담자에게 의뢰한 이슈에 있어 의미 있는 숫자를 1부터 45까지 중에서 하나 고르도록 한다.

③ 정리된 카드를 앞에서부터 혹은 뒤에서부터 내담자가 제시한 숫자에 해당하는 순서의 카드를 골라 메시지를 전한다. 【6-⑪ 양면 카드 '러버스 오라클' 활용법】

5. 특수 상황 리딩

✦ 성인용 타로 카드 사용

성인 인증을 거쳐서 구입할 수 있는 타로 및 오라클 카드로 '데카메론, 카사노바, 마나라, 카마수트라 카드' 등이 있습니다.

대부분이 성(性)적인 주제로 그려진 적나라하고 노골적인 그림이 대부분이라 이런 카드를 어떤 상담 장면에서 어떤 식으로 사용할 수 있는지 감조차 오지 않는다는 상담사들이 많습니다.

실제로 중년 이상의 부부를 대상으로 상담할 때는 육체적인 관계 및 성(性)에 관련된 상담은 웬만큼 깊은 라포가 형성되기 전에는 이야기를 나누기가 쉽지 않습니다. 라포가 충분히 형성된 후 은밀한 이야기를 나눌 수 있을 만큼 준비가 되었을 때 좀 더 쉽게 이야기를 꺼낼 수 있는 매개체로 사용되곤 합니다.

최근에는 성(性)에 대한 개방적인 인식이 확산됨에 따라 연인들의 솔직한 성(性) 관련 상담이나 중년 부부가 아닌 젊은 부부들의 상담에도 사용되고 있습니다.

✦ 펫 타로(Pet Tarot)

펫 타로 리딩은 타로 상담과는 거리가 있어 보여 상담사들이 감히 시작할 엄두를 내지 않는 분야입니다. 동물에 대한 이야기를 하려면 최소한 대상이 되는 동물의 습성이나 행동에 대한 이해가 기반이 되어야 할 것 같기 때문입니다. 물론 어떤 경우든 기본 상식이나 지식이 없는 상태에서의 리딩은 수박 겉핥기의 수준에 머무를 수밖에 없긴 합니다.

저 역시 반려동물과 함께해 본 경험이 전혀 없어 펫 타로는 감히 시도해 볼 생각을 하지 않았다가 우연한 기회에, 타로 상담을 의뢰한 내담자들이 상담 장면에 와서 자신의 반려동물에 관련된 타로 리딩을 의뢰하는 바람에 시작하게 되었습니다. 물론 제가 반려동물과 함께 지내본 경험이 없음에 대한 충분한 설명과 양해를 미리 구하였습니다.

경험해 본 결과 펫 타로(Pet Tarot) 리딩을 하는 법이 특별히 따로 정해진 것은 없다는 결론에 이르렀습니다. 물론 반려동물의 습성이나 행동 특성을 알면 훨씬 정확하고 심도 있는 리딩이 가능하겠지만, 주인과의 상호 작용과 소통에 초점을 맞춰 리딩을 진행한다면 그런 기본 지식이 없다고 해서 불가능하지는 않았습니다. 그저 타로에 담긴 상징들을 반려동물의 마음과 연관 지어 의미를 전달할 수 있으면 충분했습니다.

다음은 제가 진행했던 펫 타로 리딩을 정리한 사례입니다. 어떤 방식으로 진행되었고 어떤 분위기로 흘러갔는지를 참고하셔서 펫 타로에 대한 관심을 키울지 접을지 잘 판단하시기 바랍니다.

(1) 첫 번째 의뢰 내용

오랜 시간 함께 한 반려견이 있다. 강아지 마음을 알고 싶다. 요즘 가만히 앉아서 하염없이 바라보고 있는 시간이 있는데 그때 무슨 생각을 하는지 궁금하다.

강아지의 마음으로 선택된 카드 : 펜터클 6

부유하고 권위가 있는 이가 저울을 들고 식량이나 돈과 같은 실제적인 것을 나눠주고 있다. 이것을 받는 사람들은 신분이 낮은 것으로 보이며 또한 현재 힘든 상황에 있는 것으로 보인다.

의뢰인의 해석

실제로 강아지가 체중 조절이 필요할 만큼 건강이 안 좋아져서 예전만큼 간식을 주지 못하고 있고 사료도 저울에 무게를 재서 조금씩만 주고 있다. 강아지가 '그냥 주지 왜 그걸 저울에 올려서 그렇게 조금씩 주는데?'라며 어이없어했던가 보다. 다 널 위한 거니까 그렇게 속상해하면서 원망하지 말라고 설명해줘야겠다. 빨리 건강하게 회복되어서 예전처럼 간식도 사료도 많이 줄 수 있으면 좋겠다.

(2) 두 번째 의뢰 내용
저녁이 되면 강아지가 심하게 짖을 때가 있다. 원하는 게 뭔지 모르겠다.

강아지가 원하는 것으로 선택된 카드 : 여사제

차갑고 냉정하고 강인한 여성을 원하고 있다. 집안 서열상 권위를 가진 사람인 것 같다. 조용하고 침착하고 카리스마를 가진 누군가인 것 같다.

의뢰인의 해석

생각해 보니 엄마가 퇴근이 늦으시는 날만 짖어댔다. 강아지가 가장 강력한 권위를 가진(?) 주인인 엄마를 보고 싶다고 그렇게 짖고 있는 거다. 엄마는 온화한 스타일이 아니라 무섭고 카리스마 있고 모두가 복종하는 딱 여사제 스타일이다. 유기견이었던 강아지를 데려와서 돌봐준 게 엄마였다. 평소에 엄마와 함께 있으면 강아지가 엄마에게 딱 붙어서 딸인 자신을 무시하곤 했는데 최근에 엄마가 일이 많아서 집에 안 계시는 날이 많아졌는데 강아지가 많이 불안했나 보다. 이 기회에 좀 친해져 봐야겠다.

(3) 세 번째 의뢰 내용
고양이와 함께 살고 있는데 요즘 들어 낮을 가린다. 친근하고 애교도 많았는데 가까이 다가오지도 않고 혼자만의 시간이 많아졌다. 건강이 염려되어 병원에도 가봤는데 별 이상이 없다고 한다.

고양이의 마음으로 선택된 카드 : 검 3, 펜타클 9

마음에 상처받는 일이 있었다. 구체적으로 어떤 의미인지 알고 싶어 한 장을 더 뽑았다. 자신의 분야에서 성공한 화려한 여성이 자신의 새에게 앞을 볼 수 없도록 두건을 씌워놓았다. 【6-⑩ 한 장 더 고르기】

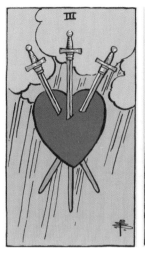

의뢰인의 해석

미처 생각을 못 했다. 고양이가 나의 달라진 모습이 낯설어서 속상했던 것 같다. 겉으로는 달라진 게 없으니 변화를 모를 것이라 생각했는데 다 알고 있었던 것 같다. 너무 깜짝 놀랐다. 최근 승진해서 업무 부서가 바뀌었다. 같이 일하는 사람들도 달라지고 출퇴근 방법도 바뀌었다. 나름 굉장히 만족하고 있다. 그런데 지금에 와서 돌아보니 그렇게 생활한 지 얼마 지나지 않아서 고양이가 나를 피하기 시작했다. 내가 '넌 알 필요 없어'라고 하면서 고양이의 눈을 가려놓은 것 같다. 말로는 가족이라고 하면서 중요한 것을 공유하지 않은 것 같다. 정말 내 반려로구나 생각이 든다.

사례에서 볼 수 있듯이 펫 타로는 전적으로 반려동물을 소유한 주인들의 주체적인 해석 활동이 중심이 되었습니다. 누가 주체가 되어 어떤 식으로 진행할지는 어디까지나 내담자와 타로 리더가 협의할 부분이므로 맞고 틀리는 원칙이 있지는 않습니다.

저의 경우에는 반려동물과의 관계를 모르는 타로 리더가 어설프게 끼어들어 이것저것 이야기하는 것보다 카드를 보고 드는 느낌과 생각에 대해 의뢰인이 알아서 의미를 찾고 해석하는 것이 훨씬 자연스럽고 상황에도 도움이 될 것이라는 판단하에 진행하였습니다.

물론 타로 리더가 주체가 되어 이것저것 해석을 전달할 수도 있습니다. 이런 경우에는 반려동물의 습성이나 특징에 대해 깊은 이해가 반드시 밑바탕이 되어야 할 것입니다.

다음에 오는 6-ⓐ부터 6-ⓢ의 내용은 책에 나온 각종 타로 상담의 지침을 정리한 것으로 다음에 첨부된 축어록에서 실제 응용 예시를 찾아보실 수 있습니다.

첨부된 축어록 사례에서 TR은 Tarot Reader, 타로를 읽는 리더를 가르키며 CT는 타로 리딩을 의뢰한 내담자 Client를 말합니다.

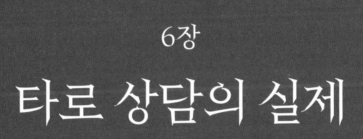

6장

타로 상담의 실제

1. 타로 상담의 지침

【6-ⓐ 이전의 리딩 경험 확인】

타로 상담을 시작하기 전 내담자에게 이전에 타로를 경험한 적이 있는지 가볍게 묻고 확인할 필요가 있습니다. 상담으로서의 타로 리딩은 점술로써 사용하는 타로 리딩과 다소 차이가 있어서 내담자가 혼란을 겪을 수 있습니다. 차이점을 강조하거나 부각할 필요는 없으며 이후에 다른 방식의 타로 리딩 기회가 있을 수 있으며 스타일이나 형식이 조금 다를 수 있다는 점을 고지하는 수준에서 마무리 지으면 됩니다.

【6-ⓑ 질문 구체화 과정】

타로 상담에서 '질문'에 중점을 두고 상담에 알맞도록 다듬는 과정은 매우 중요합니다. 연애운, 금전운과 같이 범위가 지나치게 넓은 주제를 모호하게 말하는 경우 상담사는 내담자가 전체적이고 일반적인 주제를 말하고 있다고 인지하는 반면 내담자는 자신이 특별히 의도하고 있는 의뢰 내용을 상담사가 당연히 알아듣고 있을 것으로 착각하는 경우가 많습니다.

대부분의 사람은 자신이 생각하는 방식대로 타인도 생각하고 있을 것이라고 여기며 특히나 상담사들은 당연히 자신의 마음을 이해하고 있을 것으로 생각합니다.

이런 상황에서 질문의 구체화 과정 없이 무턱대고 카드를 골라 리딩을 하게 되면 리딩은 전혀 다른 방향으로 흘러가게 되며 아무 의미가 없게 됩니다.

충분히 듣고 주제에 대해 닫힌 질문과 열린 질문을 섞어서 건네며 주제와 연관된 어떠한 다양한 선택지가 있는지에 중점을 두고 내용을 추려서 정리한 뒤 리딩을 시작하도록 합니다.

【6-ⓒ 타로가 읽는 미래】

타로가 미래를 볼 수 있는지 없는지를 논하기 전에 우선 생각해 볼 점은 과연 미래가 정해져 있는가 하는 것입니다. 인생은 하나의 고정된 덩어리가 아니라 갖가지 선택의 순간이 모여서 만들어지는 연속된 움직임입니다. 미래가 정해져 있다는 말은 자칫 잘못하면 우리가 어떤 선택을 하도록 예정되어 있다거나 심지어 어떤 선택을 하더라도 결과가 같을 것이라는 말이 됩니다. 인생을 순탄하게만 살아온 사람이라면 미래가 결정되어 있다 해도 크게 동요하지 않을 수 있지만 힘든 난관을 여러 번 그것도 연달아 겪는 사람이라면 나쁜 일만 일어나도록 정해져 있는 미래를 비관하며 큰 심적 타격을 입을 수도 있습니다.

타로가 미래를 볼 수 있는가 하는 질문에 저는 보통 3개월에서 6개월까지의 미래는 볼 수 있다고 이야기합니다. 단, 결과를 보여주는 것이 아니라 흐름을 보여주는 것이라고 못을 박습니다. 3개월에서 6개월 안에 일어나는 일들은 미래라고 보기보다는 지금 내가 하는 선택의 결과인 경우가 대부분입니다. 천재지변이나 예기치 못한 불의의 사고 등을 제외한다면(그것은 정말로 신(神)의 영역일 것이므로) 앞으로 3~6개월 안에 일어날 일들은 모두 내 선택으로 인해 정해진다고 보는 것이 합당하며 그것이 타로가 말하는 미래입니다.

물론 사람이 살아가는데 합격운이나 연애운, 금전운과 같은 흐름이 없지는 않습니다. 그러나 타로는 없는 기적을 만들어내서 읽어내는 도구가 아닙니다. 어떤 노력도 하지 않고 손 놓고 앉아 좋은 운을 바라는 사람이 있다면 대길(大吉)한 운이 들어와도 어디 한 곳 걸리지 못해 손가락의 모래처럼 빠져나가 버릴 것이며 반대로 뭐든 하기 위해서 애쓰고 일을 벌이고 여기저기 손을 뻗은 사람은 운이 들어왔을 때 그에 반응하는 작은 결과라도 얻을 것입니다. 미처 본인의 역량이 미치지 못하거나 온전히 감당할 깜냥이 안되더라도 그동안 노력했던 만큼 허무하게 사라지지는 않습니다.

타로를 볼 때 늘 주의해야 하는 점이 여기에 있습니다. 흐름이 좋다고 해서 손 놓고 있는 이에게 좋은 일이 일어나지는 않으며 흐름이 나쁘다고 열심히 한 노력이 사라지는 것이 아닙니다. 타로는 개인의 고유한 특성을 따라 앞으로 어떤 흐름을 타게 될지를 읽어주는 도구이며 여기에 작용하는 힘은 오로지 인간이 가지고 있는 미래를 이끌고자 하는 의지입니다. 결국, 본인이 얼마나 강한 의지를 가지고 지금의 난관을 타개하고 좋은 선택을 하려고 하는가에 따라 타로의 결과는 달라집니다. 타로 상담사도 내담자도 하늘은 스스로 돕는 자를 돕는다는 명언을 늘 상기하고 있어야 할 것입니다.

【6-ⓓ 셔플 & 스프레드 매트 & 시작 멘트】

카드를 섞는 행위를 셔플(Shuffle)이라고 합니다. '자, 이제 카드를 골라볼까요'라고 부드럽게 안내하며 카드를 균일하게 쫙 펼치는 자연스러운 모습에서 타로 리더의 전문가스러움(?)을 강하게 느끼고 편안함과 신뢰감을 더욱 크게 느끼는 내담자들이 많습니다. 셔플도 물론이거니와 카드를 부채꼴 또는 일렬로 부드럽게 늘어놓는 행위 역시 각별히 신경 써서 연습을 더 많이 하시기 바랍니다.

어떻게 하면 셔플을 잘할 수 있을까요? 왕도(王道)는 없습니다. 그저 자신에게 알맞은 크기의 카드를 골라 열심히 연습하면 됩니다. 78장의 카드를 한 손에 쥐고 섞는 것은 쉬운 일이 아닙니다. 많은 연습이 필요하며 자신만의 노하우도 있어야 합니다. 처음에 카드를 섞을 때는 이리저리 튕겨 나가거나 떨어뜨리는 경우가 있을 수 있습니다. 한 가지 크기의 카드만 고집하기보다는 이것저것 많이 접해 보는 것이 좋으며 손이 작은 사람들이나 여성들은 미니 사이즈의 카드를 사용하는 것도 좋습니다.

카드 리딩에 있어 내담자나 의뢰인에게 서툰 모습을 보이게 되지 않을까 부담스럽다면 카드를 뒤집어서 흩뿌려 놓고 밀고 당기듯이 뒤섞는 방법을 사용하는 것을 권합니다. 바닥에는 부드러운 천을 깔아두는 것이 좋습니다. 이 천은 보통 스웨이드나 벨벳 등의 재질로 제작되며 '스프레드 매트'라고 불립니다(인터넷 쇼핑몰 등에서는 다소 과하다 싶은 가격에 판매되는 것이 일반적입니다. 마음에 드는 천을 사다가 가장자리만 깔끔하게 처리한 후 사용하는 것도 저렴하게 스프레드 매트를 마련하는 방법입니다).

카드를 흩어놓은 뒤 밀고 당기는 방식으로 카드를 섞으면 간혹 카드가 선택되었을 때 이미지가 뒤집힌 모습으로 나올 때도 있습니다. 이를 역(逆)방향 타로라고 합니다. 역방향의 타로를 볼지 안 볼지는 전적으로 타로 리더의 선택입니다. 역방향을 보지 않는 경우 카드의 이미지가 거꾸로 되어 있으면 자연스럽게 내담자가 바라보는 방향으로 돌려놓으면 됩니다.

역방향 타로의 리딩 방법은 카드가 가진 의미를 그대로 뒤집어서 해석합니다. 장애물이나 부정적 의미의 리딩으로 설명된 부분을 참고하시면 되겠습니다.

【6-ⓔ 카드의 연관된 의미 설명 반복】

내담자는 상담사의 지시에 따라 카드를 골라서 앞으로 끌어다 놓습니다. 이때 무턱대고 카드를 고르라고 딱딱하게 지시하는 것보다는 직전에 골라놓은 카드와 현재 고를 예정인 카드의 의미를 설명하고 자연스럽게 연결해가는 것이 리딩에 도움이 됩니다.

타로 리딩을 하면 보통 3장, 6장, 또는 9장의 카드를 고르게 되는데 각각의 카드를 고를 때마다 카드의 의미를 반복해서 설명할 필요는 없습니다. 내담자가 카드의 의미를 혼동하여 머뭇거리거나 혹은 카드의 장수가 늘어남에 따라 분위기가 다소 늘어지거나 끊어질 경우에 한 번씩 주위를 환기한다는 기분으로 가볍게 연관성을 되짚으면 됩니다.

【6-⑥ 상담자의 평정심】

리딩이 물 흐르듯 잘 흘러가면 내담자의 집중도가 높아지며 간혹 화려한 리액션을 마주하게 되는 경우가 생깁니다. 내담자의 활발하고 격한 반응을 만나면 타로 리더도 신이 나기 마련입니다. 그러나 덩달아 흥분하는 것은 전혀 도움이 되지 않습니다. 오히려 내담자의 흥분되고 격앙된 반응을 침착하게 붙잡아주기 위해서라도 상담사는 차분하고 다소 무거운 분위기를 유지할 필요가 있습니다. 또한, 이와 반대로 직설적이고 무례한 표현을 일삼는 내담자들의 반응도 상담사의 마음을 흔들 수 있습니다. 그러나 내담자가 의도적으로 공격성을 드러내거나 악의(惡意)를 내보이는 경우는 극히 드뭅니다. 그보다는 자신의 문제를 직면하는 것이 힘들고 긴장된 상태라서 보이는 불안인 경우가 대부분입니다. 활발한 리액션이든 공격적인 리액션이든 휩쓸리거나 말려들지 않도록 마음을 잘 잡는 것이 중요하며 어떤 경우든 보일 듯 말 듯한 미소를 한 번 지어 보이고 담담하게 리딩을 이어가는 것이 가장 올바른 대응이라고 하겠습니다.

【6-⑧ 필수 질문 : 기억에 남는 카드】

타로 상담이 끝난 후 내담자들은 저마다 자신이 보았던 카드들 다시 한 번 생각해 보고 의미를 되짚는 시간을 갖습니다. 타로 상담이 제대로 효과를 발휘하는 경우에 특별한 몇 장의 카드들은 내담자에게 매우 각별한 의미로 남습니다. 온 마음을 다해서 골랐던 카드인 만큼 이 카드들은 내면으로 들어가는 열쇠와도 같으므로 상담사도 이런 내담자의 마음을 각별히 신경 써서 이해하고 세심하게 다루어야 합니다.

【6-⑪ 내담자에게 주는 선물 카드】

타로를 사용하면서 늘 염려가 되고 경계하게 되는 것이 있다면 당연히 리딩 결과에 대한 맹신(盲信)일 것입니다만 좀 더 들여다보자면 그 맹목적인 믿음의 뒷면에는 뭐든 잘 안된 탓을 하고 싶은 분노와 짜증이 도사리고 있습니다. 타로가 잘 맞지 않았다고 속상해하는 것은 마음속에 갖고 있던 믿음과 바람에 대해 원하는 결과가 나오지 않았다는 말이며 이를 타로를 매개로 하여 이야기하고 있는 셈입니다.

타로 리딩의 결과가 항상 내담자에게 희망을 주는 것은 아니며 항상 내담자의 마음에 꼭 맞는 것도 아닙니다. 어떤 식으로 리딩을 해도 이렇다 할 실마리가 보이지 않는 경우나 혹은 상담사가 내담자에게 각별히 격려를 해주고 싶은 경우에는 '이 카드는 제가 드리는 선물입니다'라는 멘트와 함께 카드를 한 장 골라서 내담자에게 그 의미를 선물할 수 있습니다.

선물 카드를 전달할 때는 부정적인 메시지를 전달하는 것보다 긍정적이고 희망적인 격려를 전달하도록 합니다. 친구나 연인과 함께 타로 리딩을 하는 경우에는 친구들에게 내담자에게 줄 선물의 의미로 카드를 고르도록 권할 수도 있습니다. 이 시간만큼은 무한한 긍정 메시지를 전달할 수 있습니다.

그러나 무조건적인 긍정 메시지를 전달하는 데 주력하다 보면 카드에 드러난 상징과 전혀 관련이 없는 이야기가 나올 수 있으므로 지금까지 나온 카드들의 의미를 다시 한 번 정리하고 잘 해결해나가면 좋겠다는 메시지를 전달하는 수준을 유지하도록 합니다.

【6-ⓘ 카드를 고르기 위한 워밍업】

카드를 고르는 것은 단순한 행동이지만 내담자들에 따라 어려워하거나 막막해 하기도 합니다. 손을 카드 근처로 뻗었을 때 온도의 차이가 느껴진다든지 빛에 비추어 보아 뭔가 색이 달라 보이는 카드가 있다든지 하는 암시를 주어 진지한 분위기를 유도하면 내담자는 카드에 더 집중할 수 있으며 카드를 고르는 것도 수월하게 느낍니다. 이렇게 분위기를 조성하는 것은 타로 카드의 영기나 신력을 위한 것이 아닌 내담자의 마음을 편하게 하고 리딩에 도움이 되도록 하는 과정입니다.

【6-ⓙ 좋은 카드인가 나쁜 카드인가】

타로 리딩을 하다 보면 좋은 카드냐 나쁜 카드냐를 묻는 내담자들을 매우 자주 만나게 됩니다. 그만큼 높은 불안감을 반영하고 있기도 하지만 이분법이 얼마나 뿌리 깊게 사람들의 내면을 지배하고 있는가의 증거이기도 합니다.

아무리 상담사가 이분법을 피해가려고 애써도 내담자가 계속해서 좋은 카드와 나쁜 카드를 구분하려고 들면 어느 틈에 상담사 역시 이분법에 치우친 리딩을 하게 될 수 있습니다. 좋은 카드인지 나쁜 카드인지의 늪에 빠져 허우적대는 초보 타로 리더들께 늘 해드리는 이야기가 하나 있습니다.

예전에 한 작곡가에게 타로 리딩을 해드린 적이 있습니다. 그분은 딱히 유명하지 않으나 만든 노래는 많은 이들의 귀에 익숙합니다. 이 작곡가는 대중에게 사랑받을지 자신이 없어 자신의 작품들을 세상에 내놓기 꺼리고 있었고 이런 마음이 답답한 나머지 지인을 통해 타로 리딩을 의뢰하였습니다.

장애물을 극복하는 해결책으로 뽑은 카드는 메이저 16번인 'The Tower, 탑 카드'였습니다. 실연을 겪었고 믿었던 지인에게 금전적으로도 큰 사기를 당한 후라 인생의 나락에 서 있던 작곡가는 충격을 받은 표정으로 한동안 말을 잇지 못하다가 눈물을 흘렸습니다. 어떤 느낌이 드는지를 묻자 몇 번이나 투신자살을 생각했다며 그것만이 유일한 해결책이라고 이야기하는 것 같다는 다소 충격적인 이야기가 들려왔습니다.

내담자가 자살을 운운하는 것은 상담사에게도 보통 일은 아니지만 그런 마음을 털어놓은 것은 그렇게 하고 싶지 않음을 호소하는 것과 같았기에 반가웠습니다.

뭔가 희망적인 이야기를 해서 자살을 막고 싶고 위안을 주고 희망적인 생각을 하게 해주고 싶은 마음이 생길 때 어설프게 마구잡이로 긍정적인 해설을 들이대지 않도록 매우 조심해야 합니다. 그런 위안과 긍정은 주입식 언어로 생겨나는 것이 아니라 가슴으로 느끼게끔 유도하는 것이며 타로든 뭐든 상담 한 두 번으로 가능하고 말고를 논할 수 없는 부분입니다. 'The Tower'의 이미지를 들여다보며 지금까지 들은 작곡가의 삶과 관련된 이야기를 연관 짓던 저는 제 느낌을 솔직히 말했습니다.

그림 속에는 평생을 안락하고 여유 있게 타인을 돌보며 따뜻한 마음으로 살아오던 여황제와 자신의 왕국을 지키던 남자 황제가 거꾸로 떨어지고 있습니다. 그들이 안락하게 지내던 장소에서 바깥으로 내동댕이쳐진 것은 그들이 원한 것이 아니며 어디선가 운명적으로 날아온 번개, 즉 불가항력(不可抗力)에 의해서입니다.

작곡가는 원래 한적하고 낯선 곳에서 풍경을 감상하거나 정처 없이 걷는 것을 좋아하며, 그때마다 새로운 곡을 쓸 에너지가 생기는 편이었습니다. 그런데 실연과 금전 사기를 겪고 그렇게 사람이 싫어지면서 자꾸 자신의 껍질 속으로 틀어박히게 되었습니다.

탑은 왠지 작곡가에게 틀어박히던 껍질처럼 보였습니다. 이제는 세상으로 좀 나오라는, 더 이상 그곳에 있지 말라는 신의 계시와 같은 번개가 몰아친 것은 아닐까 생각이 들었습니다. 그 탑 안에는 무엇이 있었는가, 그것이 중요했습니다.

"이 황제와 여황제는 무엇을 간직하고 꼭꼭 숨겨놓고 있었길래 운명이 다가와 이제 그만 그것을 세상에 내놓으라고 등짝을 후려치고 있을까요?"

이 질문에 작곡가는 잠시 생각하다 피식 웃으며 여태까지 자신이 써 온 하찮지만 소중한 곡들이 전부라고 대답했습니다. 마치 자신이 소중하게 키워온 자식들처럼 생각하는 듯한 비유를 사용했습니다.

"걔네들이 오죽 답답했으면 자신들이 살고 있던 탑을 파괴하면서까지 세상으로 뛰쳐나가고 싶어 할까요. 자식들은 원래 크면 독립하는 법인데."

그 노래들을 세상에 내놓기로 작정한 작곡가는 상담실을 나서면서부터 여기저기 노래를 불러줄 가수들을 찾아다니기 시작했습니다. 시간이 좀 흐른 후에 저는 그 노래들을 대중매체에서 들을 수 있었고 생활이 매우 나아지고 행복해졌다는 작곡가의 감사 인사도 지인을 통해 전해 들을 수 있었습니다.

타로 리딩을 하며 좋은 카드인지 나쁜 카드인지를 가늠하는 내담자들을 매우 많이 만나지만 저는 좋은 카드와 나쁜 카드는 없음을 자신 있게 말합니다. 정말 그렇기 때문입니다.

【6-ⓚ 오라클 카드】

오라클 카드는 타로 카드와 비슷하게 취급되지만 비슷한 부분보다는 다른 부분이 훨씬 많습니다. 작가의 주관적인 취향과 상징, 메시지 등이 반영되어 있어 다양하고 독특한 종류가 많으며 카드 리더가 자신의 개성과 취향에 따라 골라서 사용할 수 있습니다. 보통 단독으로 사용되는 경우보다 타로 카드를 비롯한 다른 그림 카드들과 함께 사용되는 경우가 많은데 이는 오라클 카드에 직접적인 단어나 문장이 적혀있는 경우가 많기 때문입니다. 유니버셜 타로 계열과 같이 그림과 상징을 사용하는 카드들과 함께 사용되어 상호보완의 효과를 내기가 좋습니다.

오라클 카드가 사용되기 까다로운 이유는 대부분이 영문으로 메시지가 적혀 있기 때문입니다. 내담자가 영어 문장 해석에 능숙한 경우도 있지만 아닌 경우가 더 많기에 상담사는 카드에 쓰인 영문 메시지를 해석하고 전달하는 과정에서 다시 한 번 내담자의 깊은 내면으로 접근할 수 있게 됩니다. 물론 이를 위해서는 상담사가 오라클 카드의 영문 단어의 세심한 의미 하나까지도 상세하게 숙지하고 있어야 합니다. 스스로 오라클 카드의 활용을 익히기 힘든 경우에는 오라클 카드를 활용하는 워크숍에 참여하여 도움을 받을 수 있습니다.

* http://blog.naver.com/tarosangdam : 블로그를 방문하시면 각종 타로 카드와 오라클 카드 활용 워크숍 정보를 보실 수 있습니다.

【6-⑩ 카드의 의미 직접/간접적으로 전달하기】

아무리 명확한 결과라고 해도 내담자에게 직접 전달하기에는 불편한 경우가 있고 또 반대로 아무리 직접적으로 전달을 해도 내담자가 회피하거나 못 알아듣고 같은 질문을 계속 반복할 때가 있습니다.

타로 상담의 목표는 궁극적으로 내담자가 마음의 평온을 찾고 자신의 강점을 이해하며 용기와 희망을 갖는 데 있습니다. 카드의 의미가 맞고 틀리는 데만 집중하면 이 목표는 멀어져갈 수밖에 없습니다.

상담사가 사용할 수 있는 방법은 카드의 의미를 바탕으로 내담자의 상황에 맞는 합리적인 의문과 가능성을 제시하는 것입니다. 더 이상 회피하거나 변명할 구실이 없어지는 순간을 만나면 내담자는 답답함과 후련함, 불안함 등을 한꺼번에 느끼며 방어가 무너지는 동시에 숨겨왔던 속내를 털어놓게 됩니다. 이를 보통 카타르시스라고 표현하는데 꼭 이런 거창한 표현을 하게 되는 순간이 아니어도 됩니다. 그지 내담자의 질척한 늪과 같은 마음에 잔잔한 파문을 일으킬 수 있는 조그만 조약돌을 계속해서 던져본다는 정도로 여기시면 좋겠습니다.

【6-⑪ 오라클 카드 & 영문 타로 카드 활용 시 주의점】

오라클 카드나 외국에서 제작한 타로 카드를 활용하는 데 있어서 가장 큰 걸림돌은 영문으로 적힌 메시지와 해설서입니다. 간혹 카드를 구입하면서 한글로 번역된 해설서를 제공한다고 되어 있는 경우가 있는데 이러한 한글 해설서가 유용할 것으로 기대하고 카드의 이미지만 보고 구입한 후 낭패를 보는 경우가 흔하므로 주의가 필요합니다.

오라클 카드에 쓰인 메시지나 영문 타로 해설서의 내용은 카드를 제작한 작가가 자신의 주관적인 느낌을 적거나 혹은 은유적인 메시지들을 그대로 직역(直譯)한 경우가 대부분입니다. 심오하고 다양한 뜻이 함축된 단어를 짧은 시(詩)의 구절과 비슷하게 적은 경우가 많아 깊은 이해와 활용에 기대한 만큼 도움이 되지 못하는 경우가 많고 특히 카드를 처음 다루는 초보 리더의 경우 어떻게 활용할지 감도 못 잡는 경우가 허다합니다.

이런 경우도 역시 유튜브나 각종 워크숍에 참가하여 카드를 접하는 직접, 간접 경험을 쌓는 것이 중요합니다.

【6-ⓝ 양면 카드 '러버스 오라클' 활용법】

러버스 오라클 카드처럼 한쪽 면은 일러스트로 반대쪽 면은 메시지로 된 양면 카드들이 간혹 있습니다. 이런 카드들은 내담자가 눈으로 보고 선택할 수 있어 독특하고 흥미로운 방식일 수는 있지만 리딩이 여러 번 거듭될수록 내담자가 카드의 의미를 기억하고 임의로 같은 카드만 선택하는 오류가 생길 수 있으므로 일러스트와 메시지가 앞뒤로 적혀 있는 카드를 사용할 때는 다음과 같은 방법을 사용하는 것이 좋습니다.

① 일러스트가 그려진 면을 위로 향하게 놓아 적혀 있는 메시지가 보이지 않도록 아래로 놓고 양손으로 이리저리 밀고 당겨가며 뒤적이는 방법으로 섞는다.

② 내담자에게 의뢰한 이슈에 있어 의미 있는 숫자를 1부터 45까지 중에서 하나 고르도록 한다.

③ 정리된 카드를 앞에서부터 혹은 뒤에서부터 내담자가 제시한 숫자에 해당하는 순서의 카드를 골라 메시지를 전한다.

【6-ⓞ 한 장 더 고르기】

타로 리딩 시 의미가 애매하고 난해한 카드가 나오거나, 또는 내담자가 카드의 의미를 제대로 이해하기 힘들어하는 경우가 있습니다. 이때는 특별히 그 카드를 의미하는 바를 구체적으로 의미하는 또 다른 카드를 한 장 더 골라볼 수 있습니다.

내담자에게 '이 카드는 무슨 뜻이지?'라고 속으로 질문하며 한 장을 더 고르도록 하고 추가된 카드는 의미가 모호했던 해당 카드 바로 뒤에 겹쳐놓았다가 바로 뒤집어서 의미를 확인하면 됩니다(이때 문장이 적힌 오라클 카드를 활용할 수 있습니다. 내담자가 이해하지 못하는 이유는 상징이 모호하고 난해하기 때문이므로 글로 풀어낸 카드를 연결하면 이해가 빠르고 뜻이 명쾌해집니다).

이때 지켜야 할 원칙은 한 회기의 리딩 내에서 카드를 한 장 내지는 최대 두 장 정도만 더 골라보고 멈추는 것입니다. 카드 리딩을 여러 번 한 경험이 있어 78장의 타로에 어떤 의미의 카드가 있는지 아는 내담자라면 내심 자신이 바라는 특정 카드가 나오기를 바라면서 또 한 장 또 한 장을 고르겠다고 고집을 부릴 수도 있습니다. 그렇게 각각의 카드에 대해 이건 무슨 뜻이고 저건 무슨 뜻이지 하고 질문하며 여러 장을 고르게 되면 타로 리딩은 복잡하고 엉뚱한 방향으로 흘러가게 됩니다.

진심으로 내담자를 위해 좀 더 구체적으로 카드들을 잘 이해할 수 있도록 돕기 위한 방법이므로 상황에 맞게 가끔씩만 적용하고 활용할 수 있어야 하겠습니다.

【6-ⓟ 주(主)손 물어보기】

사람마다 잘 사용하는 손(Hand Dominance)이 있습니다. 이를 보통 주(主)손이라고 하거나, 또는 우세 손이라고 표현하기도 합니다.

카드를 고르는 잘 쓰지 않는 손으로 정하는 것은 내담자를 훨씬 더 잘 집중하게 해주는 일종의 장치입니다. 오른손잡이라면 왼손으로 왼손잡이라면 오른손으로 고르도록 합니다. 양손잡이라면 어떤 손을 더 우세하게 쓰는지 물어보고 평소에 잘 쓰지 않는 손으로 고르도록 합니다.

주(主)손으로 고른 카드는 평소에 사람들에게 잘 드러나는 나의 모습이라고 할 수 있고 반대 손으로 고른 모습은 숨겨진 나의 모습입니다. 카드를 고를 때 내담자가 무의식적으로 주(主)손을 쓸 경우가 있습니다. 이때 잘못을 지적하는 말투로 상황을 알려서는 안 됩니다. 감사하게도 이는 내담자의 내면으로 더 깊숙이 들어갈 수 있는 기회가 되어줍니다.

내담자가 카드를 골라서 놓을 때까지 기다렸다가 "지금 자연스럽게 이쪽 손을 쓰셨네요" 하고 부드럽게 알려준 후 반대 손으로 다시 카드를 고르게 하고 두 카드를 나란히 놓습니다.

주(主)손으로 고른 카드는 내가 다른 사람에게 보여주고 싶은 내 모습이며 반대 손으로 고른 카드는 내가 숨겨둔 내 모습을 말한다고 알려준 뒤 리딩을 진행하도록 합니다.

【6-ⓠ 내담자의 카드 이미지 선(先)확인 오류】

내담자가 카드를 고르면 무의식적으로 카드를 뒤집어 이미지를 보려고 시도할 때도 있습니다. 이를 미리 방지하기 위해 상담사가 내담자가 고른 카드를 지그시 누를 수도 있습니다.

이때 내담자가 잘못했다고 생각하거나 당황하지 않도록 부드럽고 자연스러운 분위기를 유지하도록 애써야 합니다. 카드를 먼저 보는 건 절대 안 된다는 원칙하에 내담자의 행동을 지적하고 무안을 주는 것보다는 차라리 카드 이미지를 먼저 확인하도록 내버려 두는 편이 낫습니다.

【6-ⓡ 엘퀴 오라클 카드 활용법】

엘퀴 오라클은 각 인물에 해당하는 3개의 키워드와 3가지 질문이 있습니다. 유튜브와 블로그 (http://blog.naver.com/tarosangdam)를 참조하세요. 본연의 모습, 남들이 바라보는 내 모습, 앞으로 내가 잘살아가기 위해 추구할 모습 등의 3가지로 나누어 리딩하거나 자신이 생각하는 자신이 타인을 대하는 모습, 사람들이 실제로 나를 대하는 모습, 타인과의 관계에서 자신이 바라는 모습 등으로 나눌 수도 있습니다. 이때는 단어와 캐릭터가 제시된 다양한 종류의 카드를 사용하는 것도 풍부한 리딩에 도움이 됩니다.

【6-ⓢ '그냥 타로'를 보러 온 내담자】

막연하게 그저 심란하거나 마음이 싱숭생숭해서 그야말로 '그냥' 타로를 보러 오는 경우가 있습니다. 주호소가 무엇인지 명확히 모르고 그냥 상담받으러 오는 내담자를 생각하면 이해가 빠를 것입니다. 힘들고 뭔가 답답하긴 한데 무엇이 내 마음에 들어 있는지 모르겠는 경우이므로 과거, 현재, 미래를 보는 3장 배열이라든가 아니면 현재 닥친 문제 3가지 등의 가장 일반적이고 흔한 주제로 리딩을 시작하는 것이 좋습니다.

2. 축어록

✦ 사례 ①

의뢰인	20대 여성 직장인
타로 상담에 사용된 카드	① 유니버설 웨이트 타로 ② 러버스 오라클

TR : 안녕하세요. 타로는 이전에 보신 적이 있으신가요? 【6-ⓐ 이전의 리딩 경험 확인】

CT : 네, 한 2년쯤 전에 타로 카페에서 본 적이 있어요.

TR : 그러셨구나. 어떠셨어요?

CT : 잘 맞았던 것 같아요.

TR : 어떤 게 기억나세요?

CT : 연애운 봤었는데 되게 좋다고 그랬었고 그때 지금 남자 친구 만났었거든요.

TR : 되게 좋으셨겠네요. 그 이후에는 안 보셨어요?

CT : 그리고 보니까 남자 친구랑 또 보러 간 적도 있었는데 그때는 좀 안 좋은 얘기를 들어서 다시 안 갔던 것 같아요.

TR : 어떤 안 좋은 얘기가 있었어요?

CT : 남자 주변에 여자가 많을 거라고 했고 제가 맘고생 하게 될 거라고 했는데. 이제 보니 그것도 좀 맞네요.

TR : 그럼 오늘 타로를 보고 싶으신 주제도 그건가요?

CT : 네. 연애운 보고 싶어서 왔어요.

TR : 아까 남자 친구가 이미 있다고 하셨는데 혹시 지금 하고 계신 연애에 어떤 불편함이 있으신가요? 【6-ⓑ 질문 구체화 과정】

CT : 슬슬 권태기가 오는 것 같아요. 예전만큼 설레는 것도 없고 너무 익숙하고요.

TR : 예전만큼 설레는 것이 없다, 예전이라고 하면 언제쯤일까요? 남자 친구분을 만난 지 2년 되었다고 하셨는데 그즈음일까요?

CT : 그렇죠. 2년이나 되었으니까, 처음 같지는 않은 게 당연하겠죠.

TR : 처음 같지는 않은 게 당연하지만 이건 좀 아니다 이런 부분이 있는 것 같네요. 타로를 봐야겠다, 결심하셨을 때는 어떤 게 마음에 가장 걸리셨어요?

CT : 연애 초기에 느껴지는 어떤 설렘 같은 그런 기대랑 들뜬 기분 이런 게 없어지는 게 저는 괜찮은데, 남자 친구는 안 괜찮을까 봐 걱정돼요. 재미없어지면 다른 여자한테 관심을 줄 수도 있을 것 같고요. 원래 되게 인기가 많아서 주변에 여자들이 많은 편이거든요. 근데 일하는 게 여자들이 많은 곳이라 뭐 그럴 수는 있다고 생각하고 사는데. 제가 싫어져서 그러는 걸 제가 모를까 봐도 걱정이고요. 알면 노력을 하든 헤어지든 할 텐데 모르면 안 되잖아요.

TR : 남자 친구가 연애가 재미없어져서 다른 사람을 만날까 봐 그게 염려가 되는 거네요?

CT : 네, 좀 낌새가 이상하긴 하거든요. 그렇다고 대놓고 물어볼 수도 없고 해서 답답해요. 저는 정말 안 헤어지고 연애 잘하고 잘 지내고 싶거든요.

TR : 평소에 연애하고 또 대인관계를 하고 할 때, 어떻게 할 때 상대방과 '잘 지낸다'는 느낌을 받으세요? 【6-ⓑ 질문 구체화 과정】

CT : 그냥, 의심 없이 믿을 수 있는 거? 뭔가 믿고 맡길 수 있을 때 되게 편안하거든요.

TR : 맞는 말씀입니다. 인간관계에서의 믿음, 신뢰 이건 정말 중요한 부분이죠. 좋습니다. 그럼 이제 카드를 골라서 한번 볼 텐데요. 저는 상담의 보조 도구로 타로 카드를 사용하기 때문에 지금 저랑 보시는 타로는 이전에 보신 타로 카페나 또는 길거리에서 보는 타로하고 좀 다르다고 느끼실 수 있어요. '아, 이런 것도 있구나' 하고 받아들여 주시면 좋겠습니다. 혹시 궁금하신 점이 있으시거나 하면 언제든 물어봐 주시면 됩니다. 【6-ⓐ 이전의 리딩 경험 확인】

CT : 네, 알겠습니다.

TR : 자, 그럼 이제 카드를 한번 골라볼게요. (카드를 섞어서 부채꼴 또는 일렬로 늘어놓으며) 이 중에서 총 6장을 고르게 되실 거예요. 【6-ⓓ 셔플 & 스프레드 매트 & 시작 멘트】

CT : 네.

TR : 평소에 오른손을 주로 쓰시나요, 왼손을 주로 쓰시나요?

CT : 저 오른손잡이요.

TR : 네, 좋습니다. 지금 이렇게 카드들이 뒤집혀 있죠. 보이지 않는 걸 보여줄 거예요. 나의 내면 깊이 숨겨져 있는 이야기를 들려준다는 의미로 항상 함께 있지만 있는 줄 몰랐던 나의 왼손을 사용해 볼게요. 오른손 말고 왼손으로 한번 카드를 골라보도록 할게요. 【6-ⓟ 주(主)손 물어보기】

TR : 자, 지금 나의 현재 마음 상태를 나타내는 카드를 한 장 고르도록 할게요. 카드를 고를 때 카드에 손을 가까이 가져다 대고 가만히 느껴보시는 것도 좋습니다. (손바닥을 아래로 향한 뒤 카드 위에서 5~10cm 떨어진 허공에서 카드의 배열 선을 따라 손을 이리저리 움직이며) 이렇게 손을 움직이실 때 뭔가 차갑거나 따뜻한 느낌이 올 수도 있고 따끔거릴 수도 있어요. 그럴 때 카드를 보시면 조금 달라 보이는 게 있을 수 있습니다. 조명에 따라서 색이 짙게 보이거나 옅게 보이거나 하기도 합니다. 그렇게 느낌이 오는 대로 카드를 손가락으로 콕 찍어서 끌어당겨 놓으시면 됩니다. 【6-ⓘ 카드를 고르기 위한 워밍업】

CT : (카드를 골라서 손가락으로 누르며) 이거요.

TR : 네, 좋습니다. 여기다 놓도록 할게요. (내담자의 앞으로 뒤집혀서 그림이 보이지 않는 1번 카드를 가져다 놓으며)

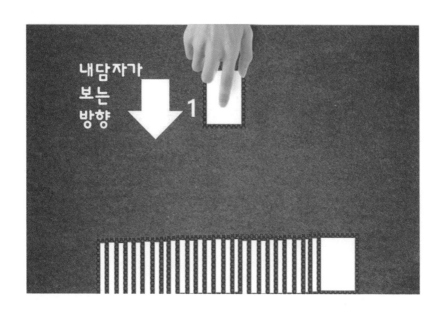

TR : 다음은 내가 원하는 모습을 한 장 골라보겠습니다.

CT : (카드를 골라서 손가락으로 누른다.)

TR : 네, 좋습니다. 이건 내가 원하는 모습이에요. 여기다 놓을게요. (내담자의 앞으로 2번 카드를 가져다 놓으며)

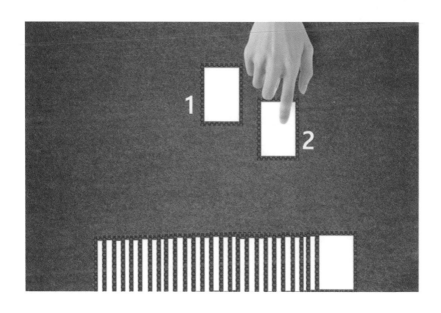

TR : 다음은 내 마음의 걸림돌, 내가 원하는 모습을 방해하는 카드를 고를게요. (1번 카드를 짚

197

으며) 이건 지금 내 모습인데 (2번 카드를 짚으며) 이렇게 되고 싶은 거잖아요. 그런데 이렇게 못하고 있는 이유가 있어요. 그걸 한번 골라보겠습니다. 【6-ⓒ 카드의 연관된 의미 설명 반복】

CT : (카드를 골라서 손가락으로 누른다.) 이거요.

TR : 네, 좋습니다. 이건 장애물이고 방해하고 있는 거니까 (2번 카드에 교차 되는 모습으로 올려놓으며) 이렇게 올려놓을게요.

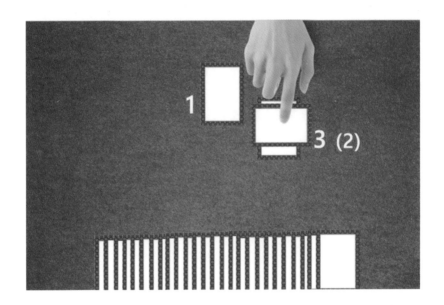

TR : 그럼 이제는 예측을 한번 해 보도록 하겠습니다. 이번에 고를 카드는 앞으로 일어날 일들이에요. '아 이렇게 시작해서 이렇게 흘러가겠네'라고 되뇌면서 카드를 2장 고르겠습니다.

CT : 아 이번엔 2장을 고르는 거예요?

TR : 네, 방법은 동일합니다.

CT : (카드 2장을 차례대로 고른다.)

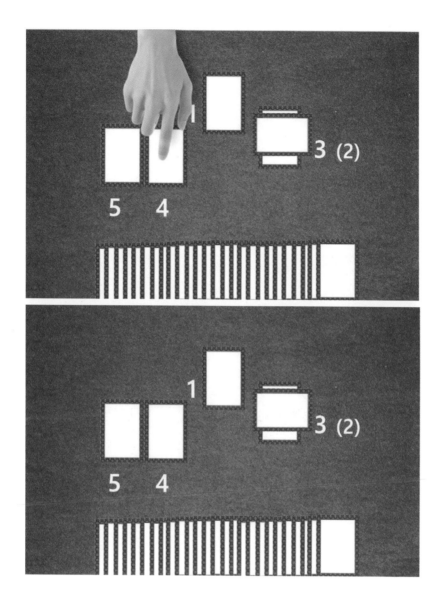

TR : 네, 좋습니다. (4번과 5번의 자리에 카드를 각각 놓으며) 이 카드는 각각 가까운 미래와 3개월에서 6개월 사이에 일어날 미래를 말합니다. 【6-ⓒ 타로가 읽는 미래】

TR : 지금 카드를 5장을 고르셨고요. 남자 친구랑 관계를 잘하고 싶으신 ○○님의 상황을 이야기하고 있습니다. (1번 카드를 짚으며) 현재 이런 상황에 있으세요. 지금의 마음 상태가 이렇습니다. (2번 카드를 짚으며) 이렇게 되고 싶으신 거예요. 이상향이기도 하죠. (3번 카드를 짚으며) 이것 때문에 못하고 있습니다. (4번 카드를 짚으며) 앞으로 한 달 정도 안에 일어날 일이라고 할 수 있습니다. 가까운 미래죠. (5번 카드를 짚으며) 이건 3개월에서 6개월까

지 일어날 일의 흐름이겠죠. 미래의 방향입니다. 【6-ⓒ 카드의 연관된 의미 설명 반복】

TR : 그럼 이번엔 가장 중요한 카드를 한번 골라보겠습니다. 이 모든 상황 속에서 어떻게 하면 가장 좋은 결과를 만들어낼 수 있을까요. (3번 카드를 짚으며) 이 장애물을 극복할 방법이기도 합니다. 내가 어떻게 하면 되는지 마음속으로 질문하면서 카드를 한번 골라보세요.

CT : (카드를 골라서 손가락으로 누른다.)

TR : 네, 좋습니다. (6번의 자리에 카드를 놓으며) 이 카드는 제일 마지막에 열어보겠습니다.

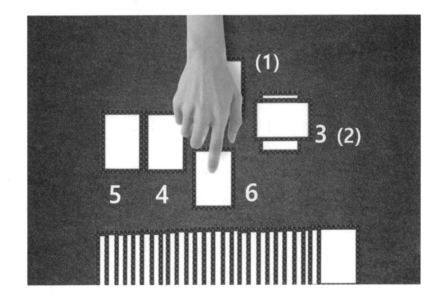

TR : 카드를 한 장씩 보겠습니다. 한번 열어봐 주시겠어요?

6번카드 ; 절제

*7번 카드 ; 지팡이 기사

2번카드 ; 컵6

3번 카드 ; 검5

1번 카드 ; 컵4

4번카드 ;펜터클 여왕

5번카드 ;펜터클 기사

CT : (1번 카드를 뒤집어 이미지를 확인한다.)

TR : 지금 현재 마음의 카드로 컵 4번이 나왔네요.

CT : 이게 컵이에요? 술잔 같은데요. 성배 뭐 그런 것 같기도 하고.

TR : 1909년에 그려진 그림이고 또 상징적으로 표현돼서 그렇습니다. 그리고 말씀하신 게 정확합니다. 성배도 이렇게 생겼죠. 컵은 물이나 커피 주스 같은 액체를 담는 도구로 사용됩니다. 그리고 타로에서의 물인 호수나 강, 바다 등은 원하는 것 또는 감정, 마음 등을 말합니다. 하늘에서 나온 손이 내민 컵을 보면서 나무 아래의 사람은 고개를 젓고 있네요. 뭔가 마음에 안 드는 표정이죠. 그림의 앞쪽에는 똑같은 모양의 컵이 3개 더 있어요. 이 사람은 뭐라고 말하고 있을까요?

CT : 뭔가 싫다고 하는 것 같아요.

TR : 맞습니다. '또 이거야? 나 이거 이미 3개나 있어, 아 이젠 질렸어' 이럴 수 있겠죠. 그런데 이렇게 3개의 컵을 반듯하게 전시해 놓은 걸 보면 지금까지 내 마음을 담았던 과거의 상황들이 딱히 나쁘지는 않았습니다. 그런데 같은 것이 계속 반복되었던 것이 싫어지나 봅니다. 뭔가 새로운 걸 더 원하고 있을 수도 있겠네요. 그럼 무엇을 원하는지 한번 볼까요? 두 번째 고르셨던 (2번 카드를 손으로 가리키며) 카드를 한번 볼까요.

CT : (2번 카드를 뒤집어 이미지를 확인한다.)

TR : 여기도 컵이 나왔네요. 컵 6번입니다. 불완전한 상태를 말합니다. 아직 자라지 않은 아이들은 미성숙한 상태이고 게다가 정확히 옆모습만 보입니다. 반쪽밖에 없어서 완벽하기 위해서는 상대방이 필요합니다. 누군가에게 기대야 할 만큼 아직 미성숙한 상태를 말합니다. 하지만 그런 상황이 불행하지 않습니다. 오히려 마음이 풍족하고 행복해요. 여기 있는 컵들을 보면 알 수 있습니다. 물이 담겨있는데 더해서 예쁜 꽃들이 탐스럽게 가득 자라고 있어요. 비록 상황이나 상태, 관계는 미성숙할지언정 아이처럼 순수하게 재밌고 마음은 꽃이 필 정도로 행복합니다. 마냥 즐겁게 지내던 모든 것이 시작되던 처음 순간, 초심(初心)으로 돌아가고 싶은 마음이라고 할 수 있겠죠. 그런데 이런 마음을 가로막고 있는 게 무엇일까요? (3번 카드를 짚으며) 이 카드를 고르시면서 뭔가 떠오르거나 생각하신 게 있으세요?

CT : 불편한 마음은 떠올렸는데 딱히 생각한 건 없어요.

TR : 좋습니다. 카드를 한번 볼게요.

CT : (3번 카드를 뒤집어 이미지를 확인한다.)

TR : 검 5번이 나왔네요. 이 그림은 중세시대에 그려진 그림입니다. 검은 군인들이 사용하던 도구였죠. 그 시절의 의미가 그대로 반영되어 있습니다. 군인이라는 건 뭔가 하고 싶다고 하고 또 하고 싶지 않다고 안 해도 되는 직업이 아니죠. 그래서 검은 의무, 꼭 해야만 하는 일을 뜻합니다. 내 의사와는 상관이 없어요. 그림 속의 남자는 검을 3자루나 가지고 있네요. 할 일이 많고 의무가 많은 사람입니다. 저 멀리에 자신의 검을 내버리고 돌아선 사람들이 보여요. 싸워서 패배한 것일 수도 있고 자신이 할 일을 더는 감당할 수 없어 포기한 것처럼 보이기도 합니다. 이 사람은 그들을 보면서 씁쓸하게 웃거나 혹은 비웃고 있는 것처럼 보이네요. 이 사람이 들고 있는 검들은 다른 사람의 검을 결투 끝에 빼앗은 것일 수도 있고 다른 사람이 포기하고 간 검을 집어 든 걸 수도 있습니다. 다들 한 자루도 제대로 못 다룬 검을 이 사람은 세 자루나 가뿐하게 들고 있네요. 책임감과 능력이 출중한 사람입니다. 표정을 보니 자신처럼 하지 못한 사람들을 따뜻하게 감싸 안고 있지는 않네요. 이 카드가 마음의 걸림돌입니다. (1번 카드를 짚으며) 지금 반복되는 상황이 싫고 (2번 카드를 짚으며) 초심으로 돌아가고 싶은 내 마음이 (3번 카드를 짚으며) 이 카드에 의해서 제지당하고 있는 거죠. 【6-ⓒ 카드의 연관된 의미 설명 반복】

TR : 남자 친구분과 초심으로 돌아가서 잘 지내고 싶은데 뭔가 두 분 사이에 있는 일 중에서 감정이나 마음과 상관없이 반드시 의무적으로 해야 하는 일이 방해 요인이 되고 있습니다. 어떤 게 있을까요?

CT : 저랑 남자친구가 꼭 해야 하는 일이요?

TR : 네. 이 검이 상징하는 게 꼭 해야만 하는 일, 강제적인 의무를 뜻하거든요. 또는 원리 원칙을 말하기도 합니다. 사람들 사이에 꼭 지켜야 할 약속이나 규칙 등을 말할 수도 있겠고요. 다른 사람보다 그걸 감당할 능력은 많아서 그런 일을 감당하지 못하는 사람을 보며 비웃거나 착잡해 하기도 하고 있습니다. 굳이 본인이 하지 않아도 되는 일까지 다 챙기는 태도나 지나친 책임감 또는 능력의 과시 이런 것일 수도 있습니다.

CT : 이게 제 남자 친구의 모습인가요?

TR : 그런 느낌이 드시나요?

CT : 네. 꼭 그런 것 같아요.

TR : 본인일 수도 있고 남자 친구일 수도 있고 또는 이런 일이 벌어지는 상황을 의미할 수도 있어요. 어떤 점에서 남자 친구의 모습처럼 보이시나요.

CT : 저랑 남자 친구가 사내 커플이거든요. 하는 일은 다른데 사실상 남자 친구가 제 상사가 되는 셈이라서 비밀 연애를 하고 있어요. 제가 일머리가 없어서 동료들이나 윗분들께 좀 치이는 때가 많은데요. 남자 친구가 그때마다 되게 속상해는 하는데 나서서 어떻게 할 수가 없으니까 답답해하고 그래요. 근데 저는 일을 그만두고 싶지는 않거든요.

TR : 아, 그런 일이 있으시군요.

CT : 네. 근데 또 제가 실수하거나 버벅거리면 뒤에서 자기가 챙기기도 하고 그래서. 제가 흘리고 간 일을 이 사람이 뒤에서 챙겨주고 있는 그런 모습인 것 같아요.

TR : 이 그림 속에 그런 상황이 담겨있는 것처럼 느껴지시나요?

CT : 네. 정말 깜짝 놀랐어요. 원래 이렇게 막 상황에 맞는 카드가 나오는 건가요? 막 가슴이 두근거리고 그러네요.

TR : 그럼 좀 더 볼까요. 앞으로 두 분의 관계가 어떻게 될 건지. 【6-ⓕ 상담자의 평정심】

CT : 네.

TR : 가까운 미래에 두 분의 관계입니다. 그리고 앞으로 진행되어 갈 관계를 나타냅니다. 카드를 열어봐 주시겠어요? 【6-ⓒ 타로가 읽는 미래】

CT : (4번 카드를 뒤집어 이미지를 확인한다.)

TR : 펜타클의 여왕 카드가 나왔어요. 펜타클은 동전을 말하고 여왕이나 왕은 자신의 분야에서 다 이뤄낸 사람을 말합니다. 정신적으로 또는 감성적으로 성공하고 완성된 위치를 여왕으로 나타내고 물질적 실제로 성공한 모습을 왕으로 나타내곤 하죠. 실제 성별과는 상관이 없고요. 지금 나온 동전의 여왕은 자신이 무엇을 가졌는지 잘 알고 있고 동시에 본인이 감당할 수 있는 한계를 알고 있는 사람입니다. 내가 지금 가지고 있는 것이 분명 매우 가치 있고 귀중한 것임은 분명한데 내가 진짜 원하는 것과는 거리가 좀 있어서 아쉬운 거죠. 이것이 앞으로 한 달 정도 내에 있을 미래입니다. 여왕의 자리에 올라있지만 아쉬움이 분명히 남는 상황이네요. 이 카드가 늘 본인이 가지고 있는 것의 가치를 새롭게 인지하라고 이야기합니다. 그럼 미래가 흘러갈 방향을 한번 볼까요?

CT : (5번 카드를 뒤집어 이미지를 확인한다.)

TR : 이번에는 동전을 가지고 있는 기사네요. 말을 타고 있으므로 어디론가 가던 중이었습니다. 그런데 말이 지금은 발길을 멈추고 있네요. 어느 길로 갈까, 이걸 들고 어디로 가야 잘하는 걸까 고민하고 있는 중으로 보이네요. 출발은 했고 어느 길로 가야 좋을지 생각하고 고르는 작업이 시작되겠네요. 선택하기 전에 조금 막막하고 답답한 생각이 들 수 있습니다.

CT : 아마도 결혼 이야기가 나오지 않을까 생각은 하고 있어요. 부모님들도 원하시고 집안에서도 하라고 슬슬 얘기가 나오고 있거든요.

TR : 이 카드들이 결혼과 연관된 모습으로 보이시는군요.

CT : 여왕이니까 왠지 결혼한 사람인 거 같고요. 답답하고 막막할 거라는 말이 그렇게 들리네요. 일단 저는 제가 가지고 있는 거랑 한계를 분명히 알고 있고, 그 상태로 결정할 게 많아질 것 같아서요.

TR : 그럼 이 상황 속에서 어떻게 대처하면 좋을지 마지막 카드를 한번 열어볼까요?

CT : 네! 빨리 보고 싶네요. (6번 카드를 뒤집어 이미지를 확인한다.)

TR : 절제 카드가 나왔네요. 어떤 느낌이 드세요?

CT : 이게 제가 할 일인 건가요?

TR : 이 전체 상황 속에서 이런 태도를 가지면 가장 좋은 결과를 얻어낼 수 있다는 뜻입니다.

CT : 날개가 엄청 커다란 천사가 있네요.

TR : 네, 그렇죠. 또 어떤 모습이 마음에 좀 와 닿으세요?

CT : 눈을 감고 있고 물컵을 들고 있는데 물이 조금밖에 없네요. 뭔가 참고 있는 것 같아요.

TR : 참고 있는 기분은 어떨까요?

CT : 막 나쁠 것 같지는 않아요. 천사니까, 해야 되니까 하는 것 같아요.

TR : 네, 느끼신 대로입니다. 이 카드는 참고 있는 모습을 나타내고 있어요. 카드의 이름도 '절제'죠. 타로에서의 '물'은 '마음' 또는 '내가 원하는 것'을 나타낸다고 말씀드렸죠. 이렇게 커다란 날개를 가진 천사라면 능력도 엄청날 텐데 자신이 원하는 것을 다 갖지 않고 발만 살짝 담그고 있죠. 일단 감당할 수 있는 만큼만 갖고 차근차근 주어진 과제를 풀어나가는 것. 이게 정말 능력이죠. 상황을 조절하면서 욕구를 잘 조절하는 일. 쉽지 않지만 이렇게 하면 결국에 가서는 원하는 것을 궁극적으로 다 이룰 수 있게 됩니다.

CT : 일단은 무조건 참아야 하는 거네요. 그런 뜻인 거 맞죠?

TR : 그럼 이 카드를 설명하는 카드를 한 장 더 골라보시는 건 어떠세요? 【6-ⓞ 한 장 더 고르기】

CT : 한 장을 더 골라요?

TR : 네. 이 카드와 의미가 같은 그런데 다른 각도로 설명해주는 이미지를 한 장 더 골라보는 겁니다. (카드를 잘 섞어 펼치며) 속으로 '이 카드는 무슨 뜻이지?'라고 물어보시면서 한 장을 더 골라보세요.

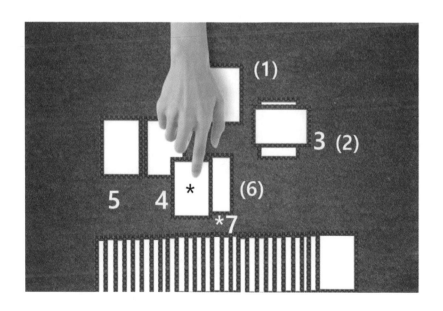

CT : (7번 카드를 골라서 손가락으로 누르며) 이거요.

TR : (7번 카드를 6번 카드 옆에 놓고 바로 뒤집어서 이미지를 확인하며) 네, 바로 보겠습니다. 지팡이의 기사가 나왔네요. 자신의 야망, 마음, 이야기를 상징하는 지팡이를 들고 달리는 기사입니다. 말이 하늘을 향해 솟구치고 있죠. 힘차게 달려갈 준비가 된 말입니다. 지금부터 달려갈 텐데 내가 하고자 하는 바에 집중해서 달리라는 메시지예요.

CT : 무조건 참으라는 말이 아니라 제가 하고 싶은 거에 집중해서 하라는 말이었네요. 막 하고 싶은 게 많긴 한데 딱 지금 할 수 있는 만큼만 하라는 말인가 보네요.

TR : 하고 싶은 게 많다고 하신 건 어떤 뜻인가요?

CT : 일적으로도 좀 나아지고 싶죠. 능력도 좀 있었으면 좋겠고, 일 처리도 빠릿빠릿하게 잘하고 싶고, 남자 친구 맘고생도 좀 덜 시켰음 좋겠고.

TR : 그런 생각이 드시는군요.

CT : 원래 이런 카드만 나오는 건가요. 어떻게 제 마음을 딱 말해주는 카드가 이렇게 나오는지 모르겠어요! 와 진짜 막 소름도 끼치고 그러네요.

TR : 어떤 부분에서 그런 느낌이 가장 강하게 드시나요? 【6-① 상담자의 평정심】

CT : 제가 남자 친구한테 열등감이 좀 있어요. 그래서 매사에 되게 위축되곤 하는데 그것도 맞는 거 같고, 결혼 생각하면 답답한데 그래도 하나씩 해 나가야지 하고 마음먹고 있었거든요.

TR : 처음에 말씀하실 때 남자 친구가 연애가 재미없어져서 다른 사람을 만날까 봐 염려가 좀 된다, 낌새가 좀 이상하지만 나는 연애를 잘하고 싶고 잘 지내고 싶다고 하셨었어요. 그 부분은 어떻게 느껴지시나요?

CT : 사실 열등감에서 오는 거였어요. 제 뒤치다꺼리하고 제가 잘못한 거 챙기고 그러면서 저를 한심하게 여기지 않을까, 저한테 실망해서 다른 여자가 더 좋아지지 않을까, 뭐 그런 생각이 자꾸 드는데 딱히 무슨 낌새가 있었던 건 아니고. 또 제가 위축돼서 보통 연인들이면 할 수 있는 얘기도 하기가 좀 미안하고 그런 부분도 있고요.

TR : 그러셨군요. 연애를 잘한다는 건 상대방을 믿을 수 있는 거라고 말씀하셨는데, 카드를 보시고 그 부분에 대한 느낌은 좀 어떠세요?

CT : 제가 저를 못 믿었던 것도 있는 것 같아요. 남자 친구는 그냥 잘해주는데 제가 자격지심 때문에 그랬던 것 같기도 하고, 남자 친구가 바람피울지 모른다는 생각을 했던 게 좀 미안해지기도 하고요.

TR : 그럼 연애를 좀 잘 해내 가기 위해서 도움이 될만한 메시지를 하나 골라볼까요. 이 카드 말고 정말 연애에 관련된 메시지만 들어 있는 카드로 한번 볼게요. 【6-ⓚ 오라클 카드】.【6-ⓜ 양면 카드 '러버스 오라클' 활용법】

TR : 남자 친구분과의 관계에서 의미 있는 숫자가 있을 거예요. 1부터 45중에서 골라보시겠 어요?

CT : 숫자 ○요. 둘 다 생일에 그 숫자가 들어가거든요.

TR : 좋습니다. 앞에서부터 ○번째 있는 카드를 골라볼게요. 'Secret Admirer' 드러나지 않게 당신을 칭송하고 있는 사람이 있습니다. 'Someone has deeper feelings for you than they are letting on' 겉으로 드러내는 것보다 훨씬 더 당신에 대해서 깊은 감정을 가지고 있다 고 하네요. 두 분이 서로 감정 표현을 잘 안 하시는 편이신가요? 【6-ⓝ 오라클 카드 & 영문 타로 카드 활용 시 주의점】

CT : 네. 정말 그래요. 저도 표현을 잘 안 하지만 남자 친구도 그렇거든요.

TR : 표현을 좀 더 하시는 게 좋으실까요? 아니면 이대로도 괜찮다 싶으신가요?

CT : 제가 좀 제 감정에 치여서 서운해했다는 생각이 들어요. 남자 친구는 잘해주는데 제가 좀 자격지심에 많이 힘들었던 것 같은 생각이 되게 많이 들었어요.

TR : 오늘 보셨던 카드 중에 가장 기억에 남는 카드는 어떤 게 있을까요? 【6-ⓢ 필수 질문 : 기억에 남는 카드】

CT : 저랑 남자 친구 관계에 걸림돌이라고 나왔던 거요. 칼 들고 있고 뒤돌아서서 슬퍼하는 모습이 있는 카드요.

TR : (검 5번 카드를 찾아서 내민다.) 검 5번 카드 말씀이시네요.

CT : 아, 맞아요. 이거요. 이게 제일 기억에 남아요. 여기 어깨 축 늘어뜨리고 서 있는 사람이 저 같아요.

(후략)

✦ 사례 ②

의뢰인	60대 초반 여성 직장인
타로 상담에 사용된 카드	① 유니버설 웨이트 타로 중 동전(Pentacle) 14장 ② 머니 매직 매니페스테이션 오라클

TR : 안녕하세요. 타로는 이전에 보신 적이 있으신가요? 【6-ⓐ 이전의 리딩 경험 확인】

CT : 전 원래 사주, 타로 이런 거 잘 보러 다녀요.

TR : 그러시군요. 타로는 어떤 분께 보셨었나요?

CT : 아니, 타로는 본 적 없고요. TV에서 연예인들 하는 거 봤어요.

TR : 타로를 보고 싶다 하고 생각하셨을 때 어떤 게 가장 궁금하셨어요?

CT : 금전운이요. 좋은지 나쁜지 좀 봐주세요. 【6-ⓑ 좋은 카드인가 나쁜 카드인가】

TR : 최근 금전운이 좀 좋았으면 좋겠다 싶은 일은 어떤 게 있을까요? 【6-ⓑ 질문 구체화 과정】

CT : 아니 뭐, 그냥 돈을 좀 많이 버는 방법이 있었으면 좋겠어요. 돈 싫어하는 사람은 없으니까.

TR : 좋습니다. 그럼 내가 돈을 정말 많이 벌기 위해서는 어떤 일을 해야 하는지 타로로 한번 보도록 하겠습니다.

CT : 어떻게 하면 되는데요?

TR : (카드를 섞어서 펼쳐놓으며) 이 중에서 총 6장을 고르게 되실 거예요. 지금 내 마음을 나타내는 카드, 정말 원하는 모습 카드, 그리고 그렇게 하기 위해서 해야 하는 일, 마지막으로 그렇게 하기 위해 가져야 하는 태도 카드를 골라볼 겁니다. 【6-ⓓ 셔플 & 스프레드 매트 & 시작 멘트】

CT : 카드를 고르면 되는 거예요?

TR : 네. 제가 말씀을 드리면 거기에 해당하는 카드를 이렇게 놓은 카드 중에서 골라 앞에 놓아주세요.

CT : 네, 그렇게 할게요. 뭐부터 골라요?

TR : 타로를 처음 보시니까요. 미리 한 가지만 말씀드리면 저는 상담의 보조 도구로 타로 카드를 사용하기 때문에 혹시 나중에라도 다른 곳에서 타로를 보실 때는 지금 하시는 거랑 다르다고 느끼실 수 있어요. 아, 이런 것도 있구나 하고 받아들여 주시면 좋고요. 혹시 궁금하신 점이 있으시거나 하면 언제든 물어봐 주시면 됩니다.

CT : 네네, 알겠어요.

TR : 평소에 오른손을 주로 쓰시나요, 왼손을 주로 쓰시나요? 【6-① 주(主)손 물어보기】

CT : 오른손잡이요.

TR : 네, 좋습니다. 지금 이렇게 카드들이 뒤집혀 있죠. 보이지 않는 걸 보여줄 거예요. 나의 내면 깊이 숨겨져 있는 이야기를 들려준다는 의미로 항상 함께 있지만 있는 줄 몰랐던 나의 왼손을 사용해 볼게요. 오른손 말고 왼손으로 한번 카드를 골라보도록 할게요.

CT : 카드 고를 때 왼손 쓰라고요?

TR : 네, 맞습니다.

CT : 네네, 알겠어요.

TR : 자, 지금 나의 현재 마음 상태를 나타내는 카드를 한 장 고르도록 할게요. 카드를 고를 때 카드에 손을 가까이 가져다 대고 가만히 느껴보시는 것도 좋습니다. (손바닥을 아래로 향한 뒤 카드 위에서 5~10cm 떨어진 허공에서 카드의 배열 선을 따라 손을 이리저리 움직이며) 이렇게 손을 움직이실 때 뭔가 차갑거나 따뜻한 느낌이 올 수도 있고 따끔거릴 수도 있어요. 그럴 때 카드를 보시면 조금 달라 보이는 게 있을 수 있습니다. 조명에 따라서 색이 짙어 보이거나 또는 옅어 보이거나 하기도 합니다. 그렇게 느낌이 오는 대로 카드를 손가락으로 콕 찍어서 끌어당겨 놓으시면 됩니다. 【6-① 카드를 고르기 위한 워밍업】

CT : 그냥 골라요? 아무거나? 내 마음대로?

TR : 네, 자유롭게 고르시면 됩니다. 단, 마음속으로 돈 많이 벌고 싶다는 생각을 하시면서 지금 내 마음이 이렇다 하시면서 골라주세요.

CT : (카드를 골라서 끌어다 놓으며) 이거 할게요. (카드를 뒤집어 확인하며) 이게 뭐지?

TR : 네, 잘 고르셨어요. (해당하는 카드를 다시 뒤집어서 1번의 위치에 놓으며) 어떤 그림이 있는지 궁금하시죠. 다 고르고 나서 제가 한 장 한 장 어떤 의미인지 말씀을 드릴게요.

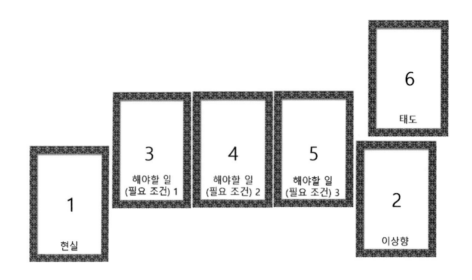

③ 6장 고르기(징검다리 배열) 참고 : 1번 카드는 상담사와 내담자가 마주 앉은 자세를 기준으로 상담사의 오른쪽(=내담자의 왼쪽)에 있고 2번 카드는 반대편에 놓인다. 두 카드의 사이를 멀찍이 벌려놓고 빈 공간에 내담자가 고른 3번, 4번, 5번의 카드들을 한 장씩 나란히 배치하여 징검다리 모양을 만든다.

CT : 아우, 안 좋은 카드 같은데. 그림이 이상한데.

TR : 좀 이상해 보이셨나 보군요. 타로를 처음 보셔서 좀 그런 느낌이 드실 수도 있겠네요. 타로 카드에는 굉장히 많은 상징이 들어가 있어요. 딱 보기에 좋아 보이는 그림도 부정적인 내용을 담고 있기도 하고 딱 보고 되게 좋아 보이는데 의외로 부정적인 의미일 때가 있습니다. 있다 차근차근 하나씩 같이 볼게요.

CT : 네네, 그럼 이번에 또 골라요?

TR : 네, 이번에는 '나 돈 많이 벌어서 이렇게 되고 싶어', 내가 돈을 많이 벌고 행복한 모습을 상상하면서 한 장을 골라주세요.

CT : (카드를 골라서 끌어다 놓으며) 이거요. 이거 할게요.

TR : 네, 좋습니다. 여기다 놓을게요. (2번 자리에 카드를 놓는다.)

CT : 이번엔 뭐 골라요?

TR : 지금까지 카드를 두 장 고르셨어요. (1번 카드를 손으로 짚으며) 이건 지금 마음 상태고요. (2번 카드를 손으로 짚으며) 이렇게 되고 싶으신 거예요. 원하는 미래의 모습, 목표라고 할 수 있겠죠. 그럼 이제는(1번 카드를 짚으며) 여기서 (2번 카드를 짚으며) 여기로 가기 위해서 필요한 조건들, 해야 하는 일들을 카드로 골라볼게요. 이렇게 되려면 이렇게 해야지 마음속으로 되뇌면서 총 3장을 골라주세요. 【6-ⓒ 카드의 연관된 의미 설명 반복】

CT : 이번엔 3장을 고르라고요?

TR : 네, 시간을 갖고 천천히 보시면서 3장을 골라주세요. (1번 카드를 짚으며) 여기서 (2번 카드를 짚으며) 여기로 가기 위해서 어떻게 하면 될까요?

CT : (카드 3장을 고르며) 다 골랐어요. 이거 어떻게 해요?

TR : 지금 고르신 카드는 여기에 이렇게 나란히 놓겠습니다. 이 3장은 목표를 이루기 위해서 하셔야 하는 일입니다.

CT : 네, 이제 다 골랐나요?

TR : 이제 마지막 한 장을 더 고르시면 됩니다. 목표를 이루기 위해서 할 일을 고르셨으니까 이번에는 그렇게 하기 위해서 가져야 할 태도를 골라야겠죠. 마음속으로 (3, 4, 5번 카드를 가리키며) 이 세 가지 일을 이루기 위해서 '나는 이렇게 해야 한다'라고 되뇌시면서 마지막 한 장을 고르시면 됩니다. 【6-ⓒ 카드의 연관된 의미 설명 반복】

CT : (카드를 골라서 끌어다 놓으며) 네, 이걸로 할게요.

TR : 잘하셨습니다. 그럼 이제 카드를 한 장씩 뒤집어보도록 할게요. (1번 카드를 뒤집으며) 펜터클 3번이네요. 현재 모습입니다. 주변의 사람들과 의논하고 조언을 얻어가며 일을 잘 해 나가고 있는 모습입니다. 그런데 지금 이 상황이 딱히 금전적인 이득이랑 연결은 안 되고 있네요. (2번 카드를 뒤집으며) 이번에는 펜터클 4번이 나왔네요. 내가 원하는 금전적인 만족은 내가 내 것을 확실히 챙겨서 내가 가질 수 있는 상황입니다. 금전적으로 풍요로 워지는 것도 물론이거니와 소위 말하는 돈을 내 소유로, 내 것으로 꽉 붙들고 있고 싶은 마음이 있습니다.

CT : 어머, 맞네, 맞네. 그런데 사람들 다 그렇잖아요? 내 거 그냥 남 주고 싶은 사람이 어딨 어.

TR : 그렇기는 하죠. 자, 그럼 이렇게 되기까지 어떤 과정을 거치면서 어떤 조건이 필요한지 보겠습니다. (3번 카드를 뒤집으며) 펜터클의 아이가 나왔네요. 어리긴 하지만 이 사람은 거 인이고 그만한 능력이 있는 사람인데 아랑곳하지 않고 자기가 들고 있는 동전에만 집중 하고 있죠. 다른 능력보다도 내가 어떤 것을 원하는지가 가장 중요한 사람입니다. 돈을 많이 벌고 금전적으로 좀 풍요로워지기 위해서는 일단 내가 원하는 가치가 무엇인지 확 실히 알아야 합니다. (4번 카드를 뒤집으며) 펜터클 5번이네요. 주변 인간관계를 좀 돌아봐 야겠네요. 이 그림에 나온 두 사람은 둘 다 굉장히 힘든 상황입니다. 내 코가 석 자죠. 다 쳤고 춥고 힘들어서 누굴 도와줄 수 있는 상황이 아닙니다. 그런데 바로 옆으로 고개만 돌리면 이 상황을 해결해줄 수 있는 장소가 있는데요. 반짝이는 황금 동전 5개로 표현되 어 있죠. 그런데 이 사람들은 같은 방향으로 가고 있잖아요. 서로한테 신경 쓰느라 정작 바라봐야 할 곳을 못 보고 있어요. 이 카드가 전하는 메시지는 도움이 안 되는 사람들과 멀어지라는 것입니다. (5번 카드를 뒤집으며) 이 사람은 하나하나 자기 실력으로 부를 쌓아 가는 자수성가 스타일의 장인이자 기술자입니다. 요행이나 일확천금은 소용이 없을 것 이고 본인의 능력을 믿고 차근차근 부를 축적해가라고 합니다.

CT : 좋은 카드 같지가 않은데.

TR : 어떤 카드가 좀 그렇게 보이시나요?

CT : 다요. 뭐 딱 돈 번다 안 번다 이런 말이 없네. 그래서 미래에 내가 부자가 된대요, 안된대 요? 【6-ⓒ 타로가 읽는 미래】

TR : 부자가 되시고자 하신다면 그렇게 하셔야죠. 옳은 방향을 골라서 쭉 달리시면 될 텐데.

그렇게 가는 방법은 뭐가 있을까요? 혹시 지금 하고 있는 일은 어떤 건가요? 어떤 방법으로 돈을 벌고 계신가요? 【6-① 상담자의 평정심】

CT : 저요, 저 직장 다녀요. 이 나이까지, 쉬지도 못하고.

TR : 자영업이신가요? 아니면 기업에 취직해서 다달이 급여를 받고 계신가요?

CT : 장사해요. 제가 사장이에요.

TR : 사장님이시군요. 그럼 마지막 카드를 한번 볼게요. 이렇게 돈을 벌기 위해서 어떻게 하셔야 하는지를 알려줄 거예요.

CT : 돈 버는 방법을 알려준다고요?

TR : 네. 그런 셈이죠. 이 마지막 카드가 어떤 의미였는지 기억나시나요?

CT : 돈 벌려면 이렇게 하라고 했잖아요.

TR : 맞습니다. 정확히는 이런 (3, 4, 5번 카드를 짚으며) 조건들을 만족시켜서 (2번 카드를 짚으며) 여기까지 갈 수 있는 방법입니다. (3, 4, 5번 카드를 짚으며) 본인이 어떤 걸 중요하게 여기는지 알고, 도움이 안 되는 관계를 좀 정리하고, 본인의 기술을 이용해서 차근차근 돈을 벌어나가라는 거였죠.

CT : 아, 그런 말이구나.

TR : 그럼 이렇게 하기 위해서 마지막으로 가질 마음가짐과 태도를 이 카드가 알려줄 거예요. 한번 볼게요.

CT : 네네, 좋아요.

TR : (6번 카드를 뒤집으며) 커리어우먼 카드라고 불리는 카드가 나왔네요.

CT : 이건 좀 좋은 카드인가? 나쁜 카드인가? 【6-① 좋은 카드인가 나쁜 카드인가】

TR : 이 그림에서 어떤 게 보이시나요?

CT : 여자가 손에 새를 올려놓고 있네요. 부자인 거 같은데.

TR : 네. 그리고 그 새를 한번 자세히 보시겠어요?

CT : 모자를 쓰고 있나? 얼굴을 가리고 있네.

TR : 네, 두건으로 얼굴을 가려놓았죠.

CT : 날아가는 새 얼굴은 왜 가려놨지?

TR : 어떤 의미일 것 같으세요?

CT : 보지 말라는 거잖아. 새한테.

TR : 옛날에 그려진 그림이죠. 그래서 새는 소통을 의미합니다. 옛날 사람들은 새 다리에다가 편지를 묶고 서로 날려 보내서 서신을 교환하곤 했다고 해요.

CT : 그럼 이 사람은 새를 안 날려 보내려나 보네.

TR : 또는 자신이 허락할 때만 풀어줄 수도 있겠죠.

CT : 확실히 통제하려는 사람이네.

TR : 네, 맞습니다. 그리고 이 사람은 부를 갖춘 사람이죠. 옷을 보나 주변을 보나 굉장히 경제적으로 윤택한 상황에 있는 사람입니다. 그런데 다른 사람들과 원활하게 관계를 맺고 있지는 않은 것을 알 수 있죠. 얼굴을 가린 새가 주는 의미가 그렇습니다. 자신의 속내를 타인에게 공개하지도 않을 것이고 다른 사람들이 주는 메시지를 받지도 않을 것이라는 뜻입니다.

CT : 아까 주변 사람들과 관계를 좀 정리하라고 했잖아요.

TR : 네, (4번 카드를 짚으며) 여기 도움이 안 되는 관계들이 있다고 나왔죠.

CT : 어휴, 사실은 제가 사람들 관리하는 것 때문에 진짜 머리가 아파서 죽겠거든요. 아니 일을 하라고 고용을 했으면 일을 하고 돈을 달라고 해야지. 맨날 징징대는데, 아주 골치가 아파서 죽겠어요.

TR : 그런 도움이 안 되는, 마음을 힘들게 하는 관계에 의해서 불필요하게 새어나가는 돈이 있을 수 있어요. 그걸 정리하시는 게 하나의 조건으로 나온 걸 보면 마음을 좀 많이 힘들게 하고 있는 모양이네요.

CT : 정말 그래요.

TR : 그럼 앞으로 어떻게 하는 게 도움이 될지 한번 볼까요. 여기에는 직접적인 메시지가 쓰여있습니다. (머니 매직 매니페스테이션 오라클 카드를 잘 섞어서 펼치며) 이 카드는 영어로 문장이 적혀 있습니다. 제가 알려드릴 테니 부담 갖지 마시고 편안하게 '나 이제 어떻게 하면 좋을까' 마음속으로 생각하시면서 한 장을 골라보세요.

CT : (카드를 한 장 골라 끌어다 놓으며) 네, 이거요.

TR : 좋습니다. 카드를 한번 열어볼게요. 'I release any childhood beliefs of poverty with love and forgiveness' 어린 시절 가졌던 가난이라는 것에 대해 가졌던 신념이나 생각이 있었다면 이제는 너그럽게 놓아줄 때가 되었다고 하네요.

CT : 어머나, 그런 말이 나왔어요?

TR : 어떤 느낌이 드시나요?

CT : 내가 어렸을 때 집이 굉장히 잘 살았었는데, 왜 있잖아. 옛날에는 금융 사기 뭐 이런 게 쉬웠거든요. 우리 아버지가 보증을 한번 잘못 서서 싹 다 말아먹었거든.

(중략)

TR : 오늘 보신 것 중에 어떤 카드가 제일 기억에 남으시나요? 【6-⑧ 필수 질문 : 기억에 남는 카드】

CT : 그거요. 영어로 막 쓰여 있는 거, 선생님이 읽어주신 거요.

TR : 어떤 내용이 마음에 좀 남으시나요?

CT : 어린 시절 기억으로부터 벗어나라는 말이 그렇게 짠하게 들리네요. 그게요. 내가 어렸을 때 진짜 우리 집이 식구가 많아서….

(후략)

✦ 사례 ③

의뢰인	30대 여성 직장인
타로 상담에 사용된 카드	① 유니버설 웨이트 타로 ② 엘 퀴 오라클

TR : 안녕하세요. 타로는 이전에 보신 적이 있으신가요?

CT : 친구가 타로를 볼 줄 알아서 가끔 재미로 봐요.

TR : 친구분이 타로를 봐주시는군요. 어떠세요?

CT : 그냥 재밌어요. 잘 맞는 것도 있고 안 맞는 것도 있고.

TR : 오늘은 어떤 주제로 타로를 보고 싶으신가요?

CT : 별로 막 보고 싶고 그런 건 없고요. 그냥 여러 사람한테 타로를 한번 보고 싶어서 신청했어요.

TR : 아, 타로를 보신 경험이 꽤 있으시네요. 저는 상담의 보조 도구로 타로 카드를 사용하기 때문에 지금 저랑 보시는 타로는 이전에 보신 타로 카페나 또는 길거리에서 보는 타로하고 좀 다르다고 느끼실 수 있어요. 아 이런 것도 있구나 하고 받아들여 주시면 좋고요. 혹시 궁금하신 점이 있으시거나 하면 언제든 물어봐 주시면 됩니다. 【6-ⓐ 이전의 리딩 경험 확인】

CT : 네, 알겠습니다.

TR : 요즘 가장 마음에 걸리는 일이나 고민되는 일이라면 어떤 게 있을까요?

CT : 딱히 막 힘든 건 없고요. 그게 뭐 고민이라면 고민이에요. 매일 똑같고 별로 재미도 없고.

TR : 어떤 일을 하고 계세요?

CT : 그냥 사무직이에요.

TR : 딱히 하시는 일이 힘든 건 없으시고 모든 날이 똑같고 지루하다고 하셨는데. 혹시 취미 같은 건 없으신가요? 【6-ⓑ 질문 구체화 과정】

CT : 집에서 시간 날 때 영화 보고 게임 하고 그러고 놀아요.

TR : 듣기에는 그냥 편안하고 무난한 날들이 흘러가고 있는 것 같거든요. 앞으로 생활이 어떻게 흘러갈지 한번 볼까요? 【6-ⓢ '그냥 타로'를 보러 온 내담자】

CT : 네, 좋아요.

TR : (카드를 섞어서 펼치며) 카드를 3장 골라보겠습니다. 혹시 평소에 어떤 손을 주로 사용하시나요? 【6-ⓟ 주(主)손 물어보기】

CT : 전 양손 다 쓰는데요.

TR : 양손잡이시군요. 글씨를 쓰거나 식사를 하시거나 할 때는 어떤 손을 더 많이 쓰세요?

CT : 비슷비슷해요.

TR : 지금 이렇게 카드들이 뒤집혀 있죠. 보이지 않는 걸 보여줄 거예요. 나의 내면 깊이 숨겨져 있는 이야기를 들려준다는 의미입니다. 스스로 느끼기에 어떤 손이 더 숨은 이야기를 들려주기에 적합한 것 같으세요?

CT : 왼손이 낫겠네요.

TR : 좋습니다. 그럼 왼손으로 한번 카드를 골라보도록 할게요. (카드를 잘 섞어서 펼쳐놓으며) 지나온 날들의 모습 1장, 현재 모습 1장, 그리고 앞으로 3개월 이내의 내 인생의 흐름 모습

1장을 골라주세요. 【6-ⓓ 셔플 & 스프레드 매트 & 시작 멘트】

CT : (3장을 골라서 끌어다 놓으며) 네.

TR : (내담자의 앞에 3개의 카드를 세로 모양으로 나란히 놓으며) 좋습니다. (1번 카드를 짚으며) 이건 지나 온 날들의 모습이고요. (2번 카드를 짚으며) 지금 현재의 모습이고요. (3번 카드를 짚으며) 앞으 로 흘러갈 미래의 모습입니다. 우선 첫 번째 카드부터 열어볼 텐데요. 지나온 날들이라 고 할 때 과거의 어떤 시기가 떠오르셨나요? 【6-ⓔ 카드의 연관된 의미 설명 반복】

CT : 학교 다닐 때?

TR : 좋습니다. 그럼 이건 학창시절 모습이겠네요. 첫 번째 카드를 뒤집어 보시겠어요?

CT : (1번 카드를 뒤집어 이미지를 확인한다.)

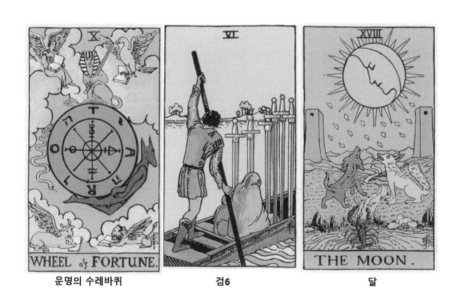

운명의 수레바퀴   검6   달

TR : 운명의 수레바퀴가 나왔네요. 어떤 모습이 가장 눈에 들어오세요?

CT : 선생님이 몽둥이를 들고 감시하고 있고 다들 열심히 공부하고 있네요.

TR : 이 둥근 바퀴 위에 있는 존재가 선생님처럼 보이시네요?

CT : 네. 정말 그렇게 보여요. 학교 다닐 때 진짜 공부밖에 안 했거든요.

TR : 선생님이 몽둥이를 들고 있다고 하신 걸 보면 되게 엄격하고 무서운 분들이 많으셨나 봐요.

CT : 지방에서 여고를 나왔는데. 나름 지역에서 명문고라고, 애들을 대학 좋은 데 보내려고 혈안이 된 사이코 선생들이 많았었어요. 저희처럼 진짜 애들을 두들겨 패면서 공부시키는 곳은 없었을 거예요.

TR : 굉장히 힘든 학창 시절을 보내셨네요.

CT : 뭐 저만 그런 건 아니니까. 괜찮아요.

TR : 좋습니다. 지금 현재 모습을 볼까요. 두 번째 카드를 열어봐 주시겠어요?

CT : (2번 카드를 뒤집어 이미지를 확인한다.)

TR : 지금은 사무직에 종사하신다고 하셨는데. 책임지고 처리할 일이 많았다고 나오네요. 검 6번입니다. 배를 타고 가고 있는 모습은 계속해서 앞으로 나아가는 모습인데 뱃사공이 온전히 자기 힘으로 배를 몰고 가는데 배에 실린 게 많아 힘들어 보입니다. 여태까지는 물결이 심하게 출렁였고 이제 막 좀 잔잔한 곳으로 이동하기 시작했어요. 거꾸로 놓인 검들은 모두 완료된 의무를 나타내고 있습니다. 비즈니스로 처리해야 할 일들이 많으셨나 봐요. 이제 좀 한시름 놓고 있다고 보여지는 데 어떠세요?

CT : 연말결산도 끝났고 서류 작업도 거의 끝나서 한숨 돌리고 있는 건 맞아요. 근데 아직 할 일이 많은데, 뭐 언제나 할 일이 많은 분야예요.

TR : 그럼 앞으로는 어떻게 될지 한번 볼까요.

CT : (3번 카드를 열어서 확인한다.)

TR : 이 그림 속에서 어떤 이미지가 가장 잘 보이세요?

CT : 달이 인상을 쓰고 있네요. 개들이 짖어서 시끄럽겠고.

TR : 여러모로 편안한 상황은 아닌 것 같네요.

CT : 그럴 줄 알았어요.

TR : 뭔가 신경 쓰일만한, 이렇게 속 시끄러울 만한 일이 있을까요?

CT : 하는 일이 그래요.

TR : 연말 결산도 끝났고 서류 작업도 거의 끝났고 좀 편안한 상태라고 하시면서도 할 일이 많다고 하셨는데, 늘 스트레스가 많은 직종에 있으신가 보네요.

CT : 정말 그런 편이에요.

TR : 말 그대로 달 카드입니다. 하늘에는 달이 떠 있는데 아까 말씀하신 것처럼 인상을 쓰고 있죠. 개들이 짖어서 시끄러울 것 같고요. 이 동물들을 개와 늑대라고 보기도 해요. 해가 질 때와 뜰 때, 어둠이 깊어서 주위에 있는 물체들이 뭐가 뭔지 잘 알 수 없을 때, 개와 늘대가 같이 있으면 구분이 안 된다는 이야기인데요. 개는 친구, 내 편을 뜻하고 늘대는 적을 뜻합니다. 대인관계에 있어서 적군인지 아군인지 구분이 안 되어서 스트레스를 받을 수 있다는 말이고요. 그런데 개와 늘대가 땅에서 아무리 시끄럽게 짖어도 사실 하늘에 떠 있는 달에까지 그 소리가 전달되지는 않거든요. 직접 피해를 받는 상황이라기보다는 말 그대로 모호하게 속 시끄럽고 성가신 상태를 말합니다. 그리고 길이 하나뿐입니다. 물 밖으로 나온 가재가 있죠. 새로운 상황이라 두려울 수 있고 시끄럽고 골치 아프긴 하지만 그저 이 길을 따라서 가기만 하면 된다는 메시지를 가지고 있습니다. 다른 길을 생각하거나 가능성을 볼 필요 없이 그냥 가기만 하면 되는 터라 정신적으로 좀 고되기는 해도 할 일은 분명하다는 이야기를 하고 있네요.

CT : 제가 하는 일은 변함이 없으니까요. 그냥 하면 되는데. 주변에 도움 안 되는 사람이 있다는 건 딱 맞는 말이네요.

TR : 적군인지 아군인지 구분이 안 되는 사람들이 있어서 스트레스를 받는 상황을 말씀하시는 거네요. 주변에 있는 누가 떠오르시나요?

CT : 딱 누구라는 건 아니고 진짜 늘대만 우글우글한 거 같은데요. 내 편은 하나도 없고.

TR : 내 편은 없고 적군만 있으면 정말 힘들겠는데요.

CT : 카드값 때문에 다니는 거지. 진짜 돈만 딱 충분하면 안 하고 싶은 일이에요.

TR : 지금 말씀하시는 걸 보면 일 자체가 주는 스트레스보다 사람이 주는 스트레스가 더 많은 것 같은데 어떠세요?

CT : 사람도 장난 아니고 일도 무지하게 많아요.

TR : 어떤 특정한 사람이 있어서 힘이 드시는 건가요 아니면 몸담고 계신 직장이 그런 분위기인 건가요?

CT : 글쎄요. 사실 결국엔 다 제 문제 같아요. 제가 원래 인간관계를 되게 못하고 사람들한테 까칠하다는 소리를 엄청 많이 듣거든요. 솔직히, 맞다고 생각해요. 일만 하면 됐지, 막 사람들하고 사귀어야 하고 재밌는 얘기 해야 하고 장단 맞춰 줘야 하고 이러는 게 너무 피곤해요. 원래 이런 사람이 아니었던 것 같은데 언제부턴가 너무 짜증이 나요. 【6-① 카드의 의미 직접/간접적으로 전달하기】

TR : 그럼 이 카드를 한번 볼까요. 엘 퀴 오라클 카드라고 합니다. (엘 퀴 오라클 카드를 잘 섞어서 펼치며) 타로 카드하고는 다르게 44명의 인물이 그려져 있어요.

CT : 그림이 완전히 다르네요. 공주들 같은데.

TR : 공주들이라면 어떤 느낌인가요?

CT : 전 공주 싫어해요. 원래 공주와는 거리가 멀어요. 생긴 것도 그렇고 취향도 그렇고.

TR : 여기 나와 있는 사람들은 44명의 여자 캐릭터들인데요. 보신 것처럼 공주 같은 분위기
도 있고 마녀나 군인 같은 이들도 있습니다. 어떤 게 나올지 궁금하네요. 그리고 각 캐릭
터가 가지고 있는 키워드들이 3개씩 있습니다. 내 본연의 모습을 잘 나타내주는 캐릭터
하나, 내가 사람들과 교류를 할 때 사람들이 나를 보는 모습 하나, 그리고 내가 좀 잘 살
아내기 위해서 닮아가면 좋을 모습 하나. 이렇게 3장을 고르는 거예요. 해 보시겠어요?

【6-ⓣ 엘 퀴 오라클 카드 활용법】

CT : 네, 좋아요.

TR : 이건 내 원래 모습이야 생각하시면서 1장, 사람들이 나를 보는 모습은 이렇지 생각하시
면서 1장, 나는 이런 모습으로 살아가도록 해봐야겠다 생각하시면서 1장. 이렇게 3장을
골라주세요.

CT : (3장을 골라서 끌어다 놓으며) 네.

TR : (첫 번째 카드를 짚으며) 이건 본연의 자신을 나타냅니다. (두 번째 카드를 짚으며) 남들이 보는
나 자신의 모습이에요. (세 번째 카드를 짚으며) 그리고 이렇게 살아보도록 노력하면 삶의
질도 높아지고 마음도 지금보다 훨씬 편안해질 것이라고 합니다. 하나씩 열어볼게요. 어
떤 것부터 보시고 싶으세요?

CT : (첫 번째 카드를 짚으며) 이거요.

TR : 좋습니다. 한번 뒤집어 보시겠어요?

CT : (카드를 뒤집어서 확인한다.)

TR : 어떤 모습이 보이세요?

CT : 뭐를 좀 경계하고 불안해하는 모습인데요.

TR : 아래에 쓰여 있는 걸 한번 볼게요. ENID라는 여인의 모습이고요. 'Doubt 하는 사람'이라
고 되어 있는데요. Doubt는 의심하고 점검하는 걸 말합니다. Fear 두려움, Wariness 조심
하는 태도와 경계심, 그리고 Trust 신임과 신뢰를 말하고 있네요. 매사에 신중한 사람입
니다. 걱정도 많고 늘 주변을 경계하고 조심하는 태도를 가지고 있고요. 그런데 이런 모
습이 과한 면은 있을 수 있어도 결과적으로 근거에 기반하고 있어서 사람들에게 신임을

얻고 신뢰를 받는 면이 있습니다.

CT : 이 그림에 그런 게 다 나타나 있어요?

TR : 네. 같이 한번 볼까요? ENID는 불신을 어떻게 다룰지를 배우는 자세를 가지고 있다고 합니다. 여기 있는 건 에메랄드 보석인데요. 보석에도 의미가 있는데 에메랄드는 자연의 색이라고 불리는 초록색을 띠고 있어서 재생 능력과 진리를 의미한다고 합니다. ENID 에게는 잘 안 보이는 흉터가 있어요. 사람들은 저마다 다양한 방식으로 상처를 받으며 살아가는데 상처를 받고만 있으면 안 되겠죠. 때로는 도망도 가고 때로는 반격도 하고. 그렇게 성장하다 보면 흉터가 남기도 합니다. ENID는 본인에게 흠이 있다고 여겨서 끊임없이 자기를 관리하려고 하다 보니 걱정도 많아지고 주변도 경계하게 된 사람입니다. 경계심을 가진 사람이 사는 세상은 안전하고 견고하고 그만큼 안정된 발전을 할 가능성이 커진다고 합니다. 여기 ENID가 제시하는 3가지 질문이 있어요. 첫째는 '나는 무엇으로부터 숨으려 하는가?', 또 '나의 두려움은 어떻게 나를 제한하고 있는가?', 그리고 마지막은 '내가 나의 신뢰를 둘 곳은 어디인가?' 입니다. 한번 스스로 물어보는 것도 괜찮겠어요. 어떠세요?

CT : 제가 상처가 좀 많기는 해요. 사람도 잘 못 믿는 거 맞고요.

TR : 그러시군요.

CT : (두 번째 카드를 짚으며) 이게 다른 사람들이 저를 보는 거라고 하셨죠.

TR : 네, 맞습니다. 한번 열어보시겠어요?

CT : (카드를 뒤집어서 확인한다.)

TR : 어떤 모습이 보이세요?

CT : 카리스마 있는 군인 같아요.

TR : 네, ABANOLAKA입니다. 아프리카의 줄루족 언어로 사나움과 맹렬함을 뜻하는 이름이라고 합니다. 아래에 나와 있는 키워드의 뜻은 Justice는 공평하고 공정한 마음, Fierce는 맹렬한 기세, 그리고 Commitment는 헌신적이고 최선을 다하는 자세를 말합니다.

CT : 사람들이 저를 그렇게 본다고요? 완전 싸움꾼 같은데요.

TR : 싸움꾼인데 하얀 드레스를 입고 있는 건 무슨 뜻일까요?

CT : 그러네. 싸우려는 사람이 웬 드레스래.

TR : 순수함의 상징입니다. 탐욕스러운 투쟁을 일삼는 사람이 아니라 순수한 의지로 나아가는 사람을 말하는 거죠. ABANOLAKA는 참을성 있는 사람입니다. 공격보다는 대화를 중시하는 사람이며 적도 친구로 만들 수 있는 사람이라고 합니다.

CT : 다른 사람들이 저를 그렇게 본다고요?

TR : 어떤 느낌이 드세요?

CT : 어릴 때는 가끔 쌈닭이라는 소리도 들었었어요. 근데 언제부턴가 말로 싸우면서 상대방을 달래게도 되고 합의를 하게 되기도 하더라고요. 공격보다 대화를 중시한다니 뭐 그렇게 좋게 말할 수도 있겠네요. 근데 화난다고 다 싸울 수 있는 세상은 아니잖아요.

TR : 그렇죠. 세상에 의해서 그렇게 되어가는 경향도 분명히 있겠죠. 이 ABANOLAKA라는 인물이 주는 세 가지 질문이 있습니다. 첫째는 '내게 주어진 전투 상황을 보라', 둘째는 '이 싸움을 거부하면 내 마음이 어떨까', 그리고 마지막은 '이런 투쟁의 뒤에 가려진 실체가 무엇인가?' 하는 것입니다. 어떤 대답을 하실 수 있으실까요?

CT : 직장 생활 하면서 수시로 해야 하는 질문인 것 같네요. 간단하게 대답할 건 아니고요.

TR : 좋습니다. 자, 그러면 마지막으로 좀 더 행복하게 잘 살기 위해서 닮아갈 사람의 모습을 한번 볼까요.

CT : (카드를 뒤집어서 확인하며) 네.

TR : SHIALA가 나왔네요. 어떤 느낌이 드세요?

CT : 삐에로나 광대 같은데요. 손에 뭘 들고 있는 거지?

TR : 탬버린입니다. 신나게 탬버린을 치면서 춤추고 노는 사람입니다.

CT : 노래방 가야겠네. (웃음)

TR : Create 하는 사람이네요. 창조하는 사람, 만들어내는 사람입니다. Creativity는 독창적인 마음을 말하고 있고, Originality는 고유한 개성, 독특한 면모를 나타내고 또 Spontaneity 하면 자연스럽게 나타나는 자발적인 마음을 말합니다. 느끼는 대로 표현하고 그 속에서 자신만의 독창적인 가치를 만들어내고 즐기는 사람입니다. '마음의 기지개를 쭉 켜라' 이게 SHIALA가 전하는 주된 메시지입니다.

CT : 이 사람을 따라 하면 된다는 건가요?

TR : 네. 그렇죠. 일상적인 것들을 창조적인 방법으로 재해석하고 그 속에서 즐거움을 찾으라고 합니다. 다른 사람의 뒤를 따르고 있었다면 좀 피해가야 할 부분은 어떤 것이 있을까, 일상 속에서 찾을 즐거움은 어떤 것이 있을까, 내가 아는 가장 자발적인 사람은 누구일까 하는 질문을 던집니다.

CT : 일상 속에서 즐거움을 찾으라는 게, (한숨) 말이 쉽죠.

TR : 제가 그렇게 하실 수 있도록 선물을 하나 드릴게요. (엘 퀴 오라클 카드를 잘 섞어서 펼친 다음
한 장을 골라 내담자의 앞에 놓으며) 한번 뒤집어보시겠어요?

CT : (카드를 뒤집어서 확인한다.)

TR : KAMALA가 나왔네요. Rise up, 솟아오른다는 뜻이네요. Emerge 하면 물속에 잠겨 있다가
바깥으로 나와 온전히 드러낸다는 말이고 Enlightenment 하면 마음을 이해하고 알게 해
준다, Mindfulness 하면 마음을 깨닫는다는 뜻입니다. 일상에서 즐거움을 찾는 것은 말
씀대로 어려운 일입니다. 자기 마음에 있는 것을 꺼낼 수 있게 자신을 먼저 알고 깨달으
라고 하네요.

CT : 내가 뭘 즐거워하는지 먼저 알아야 한다는 말인 것 같네요.

(중략)

TR : 오늘 보신 것 중에 어떤 카드가 제일 기억에 남으시나요? 【6-⑧ 필수 질문 : 기억에 남는 카드】

CT : 운명의 수레바퀴요. 잊고 있었는데 진짜 그 시절이 끔찍했거든요. 마치 요즘 그 시절로
돌아간 것처럼 생각될 때가 있었네요.

TR : 그 느낌이 다시 살아나신 건가요?

CT : 네. 생각나는 선생님이 있어요. 지독한 인간이었는데 저를 되게 미워했거든요. 근데 이
상하게 회사 상사나 꼰대들 만날 때마다 그 선생님이 오버랩 되었던 것 같아요.

TR : 아까 도움이 안 되는 사이가 주변에 많다고 하셨는데. 거기에 포함되는 사람인가요?

CT : 그렇죠. 그 이외에도 있고….

(후략)

✦ 사례 ④

의뢰인	20대 대학생
타로 상담에 사용된 카드	① 유니버셜 웨이트 타로 ② 천사와 요정의 영적 지혜 오라클

TR : 안녕하세요. 타로는 이전에 보신 적이 있으신가요?

CT : 아니오. 처음입니다.

TR : 혹시 오늘 이 자리 말고 다른 곳에서 타로를 보실 기회가 생기실 수 있어요. 저는 상담의
보조 도구로 타로 카드를 사용하기 때문에 타로 카페나 또는 길거리에서 보는 타로를
접하게 되시면 좀 다르다고 느끼실 수 있어요. 아 이런 것도 있구나 하고 받아들여 주시
면 좋고요. 혹시 궁금하신 점이 있으시거나 하면 언제든 물어봐 주시면 됩니다. 【6-ⓐ 이전
의 리딩 경험 확인】

CT : 네, 알겠습니다.

TR : 어떤 주제로 타로를 보고 싶으신가요?

CT : 애인이랑 헤어졌어요. 한 달 지났는데 마음이 정리가 안 돼요. 너무 힘들어서 이 사람이
어떻게 지내는지 알고 싶어요.

TR : 헤어진 연인 때문에 마음이 많이 힘드시군요. 예전의 좋았던 관계를 회복하고 다시 연인
사이로 돌아가고 싶으신 건가요? 【6-ⓑ 질문 구체화 과정】

CT : 아뇨. 되게 안 좋게 헤어져서 딱히 다시 만날 일은 없을 것 같아요. 근데, 아뇨. 다시 만
나서 연애를 하는 건, 글쎄요. 그럴 수도 있을까요. 잘 모르겠어요.

TR : 좋습니다. 그럼 카드를 일단 한번 골라보도록 할게요. (카드를 잘 섞어서 펼쳐놓으며) 【6-ⓒ 셔플
& 스프레드 매트 & 시작 멘트】

TR : 평소에 오른손을 주로 쓰시나요, 왼손을 주로 쓰시나요? 【6-ⓓ 주(主)손 물어보기】

CT : 왼손잡이예요. 이것 때문에도 남자 친구랑 많이 싸웠었어요.

TR : 어떤 거로 싸우게 되던가요?

CT : 원래 여자는 왼손 쓰면 안 좋다고, 근데 뭐 남자는 써도 되냐고. 그런 되게 답답한 면이

있었어요. 남자는 되고 여자는 안 되고 뭐 그런 얘기들이요.

TR : 손을 쓰는 건 성별과 상관없이 타고나는 건데 되게 황당하셨겠네요.

CT : 그랬죠.

TR : 제가 어느 손을 더 잘 쓰시냐고 여쭤본 건 딱히 큰 의미가 있는 행동은 아닙니다. 지금 이렇게 카드들이 뒤집혀 있잖아요. 보이지 않는 걸 보여줄 거예요. 나의 내면 깊이 숨겨져 있는 이야기를 들려준다는 의미로 손을 한번 바꿔보는 거죠. 항상 열심히 일하느라 눈에 띄는 주된 손 말고 늘 가만히 있었던 다른 쪽 손을 사용해 보는 겁니다.

CT : 아, 그렇군요.

TR : 오늘 이 시간만큼은 그런 의미에서 왼손 말고 오른손으로 카드를 골라보도록 할게요. 지금 내 마음 1장, 지금 내가 진짜 원하는 것 1장, 그리고 내 마음을 불편하게 하는 것 1장, 이렇게 총 3장을 고르시면 됩니다.

CT : 네.

TR : 우선 지금 나의 현재 마음 상태를 나타내는 카드를 한 장 고릅니다. (손바닥을 아래로 향한 뒤 카드 위에서 5~10cm 떨어진 허공에서 카드의 배열 선을 따라 손을 이리저리 움직이며) 이렇게 손을 움직이실 때 뭔가 차갑거나 따뜻한 느낌이 올 수도 있고 따끔거릴 수도 있어요. 그럴 때 카드를 보시면 조금 달라 보이는 게 있을 수 있습니다. 조명에 따라서 색이 짙어 보이거나 또는 옅어 보이거나 하기도 합니다. 그렇게 느낌이 오는 대로 카드를 손가락으로 콕 찍어서 끌어당겨 놓으시면 됩니다.【6-① 카드를 고르기 위한 워밍업】

CT : (카드를 골라서 끌어다 놓으며) 이거요.

TR : 그렇게 두 장을 더 골라보실 거예요. 내가 진짜 원하는 것 1장, 그리고 내 마음을 불편하게 하는 것 1장을 골라봅니다.

CT : (오른손이 아니라 주(主)손인 왼손으로 카드를 한 장 고른다.) 이걸로 할게요.

TR : (내담자가 고른 카드를 반듯하게 놓으며) 지금 무의식적으로 왼손으로 카드를 고르셨어요.

CT : 어?! 잘못했네. 어떻게 해요? 다시 골라요?

TR : 아니요. 지금 무의식적으로 주된 손인 왼손을 쓰신 것은 '이런 모습으로 보이고 싶다'는 마음일 수 있어요. 나보다는 다른 사람들에게 익숙한 모습을 고르신 거로 볼 수 있거든요. 이 카드는 그럼 내가 원하는 모습이긴 한데 정확히는 내가 다른 사람들에게 보이고 싶은 모습으로 놓아둘게요.

CT : 아, 그럴 수도 있는 거네요.

TR : 다시 내가 진짜 원하는 것 1장을 고르되 이번에는 오른손으로 골라보세요.

CT : 네. (주(主)손인 왼손이 아니라 오른손으로 카드를 골라서 끌어다 놓는다.)

TR : 좋습니다. 이건 내 마음속에 감춰진 모습입니다. 내가 지금 상황에서 정말 원하는 것입니다. 그리고 다음으로 고르실 카드는 이런 내 마음을 속상하게 하는 걸림돌, 장애물입니다. '나, 이것 때문에 너무 힘들어' 하고 생각하시면서 한 장을 골라주세요.

CT : (카드를 골라서 끌어다 놓는다.)

TR : (직전에 고른 2, 3번의 카드와 +모양으로 겹쳐지게 놓으며) 네. 이건 장애물이니까 이렇게 놓겠습니다. (1번 카드를 짚으며) 지금 내 마음은 이렇고요. (2번 카드를 짚으며) 나는 이렇게 보이고 싶은데 (3번 카드를 짚으며) 사실 내 마음은 이걸 원하고 있고요. (4번 카드를 짚으며) 이렇게 못하고 있는, 못하게 가로막은 이유는 바로 이것입니다. 그러면 이번에는 상대방분, 헤어진 남자 친구의 마음을 한번 골라보도록 하겠습니다. 다른 사람의 마음을 나타내는 카드를 고를 때는 특히 좀 더 신경을 써서 집중해주세요. [6-ⓒ 카드의 연관된 의미 설명 반복]

CT : 네.

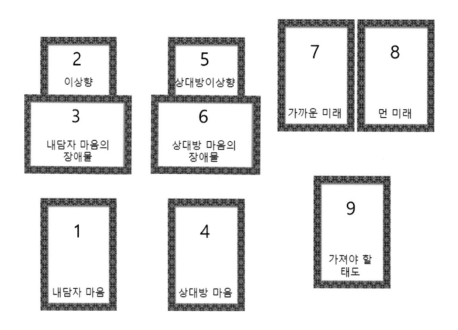

TR : 되도록 냉정한 마음으로 상대방을 떠올리도록 노력해주세요. 구체적으로 그 사람이 했

226

던 행동과 말을 떠올리시는 것이 좋습니다. 그 사람은 지금 이렇다, 마음속으로 되뇌어 보면서 카드를 한 장 골라주시고, 그 사람이 지금 원하는 건 이거다, 생각하면서 한 장 더 골라주세요.

CT : (카드를 2장 골라서 끌어다 놓는다.)

TR : 잘하셨습니다. 그럼 이번에는 그분이 이렇게 못하고 계신 이유를 한번 골라볼게요. 카드를 한 장 골라주세요.

CT : (카드를 골라서 끌어다 놓는다.)

TR : 그럼 이제 두 분이 앞으로 어떻게 되실지 한번 골라볼게요. 한 달 정도 안에 마주하게 될 상황 1장, 그리고 3개월에서 6개월 정도의 시간이 지나는 동안 어떤 방향으로 흘러갈지 1장, 이렇게 2장을 골라주세요. 가까운 미래, 먼 미래라고 할 수 있습니다.

CT : (카드를 2장 골라서 끌어다 놓는다.)

TR : 그럼 이제 마지막으로 이 관계 속에서 어떻게 하면 내 마음이 가장 편안할 수 있을까, 내가 어떻게 하면 정말 잘하는 걸까 생각하시면서 카드를 한 장 골라주세요.

CT : (카드를 골라서 끌어다 놓으며) 네, 이거요.

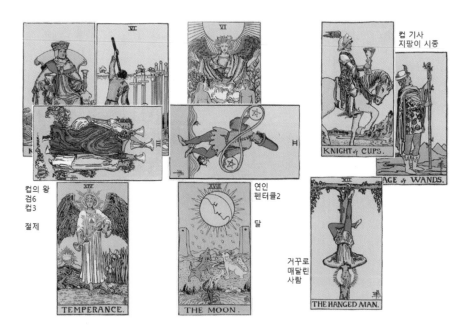

TR : 한번 보겠습니다. 첫 번째 카드를 열어주세요. 어떤 모습이 보이세요?

CT : (1번 카드를 뒤집는다.) 천사가 물을 가지고 있네요.

TR : 천사의 표정을 한번 보시겠어요?

CT : 눈을 감고 무표정하게 있어요.

TR : 마음속으로 원하는 것은 많지만 일단 내가 감당할 수 있는 만큼만 다루고 있는 '절제'라는 이름의 카드입니다. 감정을 다스리기 위해서 눈을 지그시 감고 꾹 참고 자신에게 주어진 만큼 최선을 다하고 있네요. 두 번째 카드를 한번 볼까요? 내가 다른 사람에게 보이고 싶은 모습입니다.

CT : (카드를 뒤집어서 이미지를 확인한다.)

TR : 어떤 모습이 보이세요?

CT : 왕인가 봐요. 왕이 의자에 앉아있는데 표정이 별로 안 좋네요.

TR : 네. 컵의 왕입니다. 상황을 한번 보세요. 컵을 든 왕이 의자에 앉아있는데 그 의자가 물에 떠 있습니다. 출렁출렁하겠죠. 컵에 든 물도 덩달아 출렁거릴 것이고. 여러모로 불안정한 상황인데 이 사람은 왕좌를 지키고 앉아있습니다. 그런데 한 가지 생각해 볼 점은 이 사람은 왕이라는 거죠. 어떤 상황에서도 사람들이 왕이 앉아있는 의자가 물에 가라앉게 두지는 않습니다. 자기들이 섬기는 왕이 물에 가라앉는 걸 보고 있으면 안 되겠죠. 이런 면에서 보면 이 왕은 안전한 상황을 보장받아 놓고 마음껏 불안해하는 중입니다.

CT : 일부러 막 힘들어 보이려고 한다는 건가요?

TR : 왕의 표정을 보면 힘든 것은 분명한 사실입니다. 일부러 힘들어 보이려고 하는 상황을 나타내는 카드는 따로 있거든요. 그보다는 이 왕은 본인이 고난을 겪고는 있으나 나름 이겨내고 있음을 보여주려고 하는 것이라고 보입니다. 말씀하신 대로 상황을 과장해서 일부러 불안한 척을 한다는 뜻으로 보려면 이 카드가 장애물 카드로 나오거나 혹은 내 마음 상태로 나올 때는 그럴 수 있겠네요. 그런데 이건 지금 내가 원하는, 그것도 다른 사람에게 보이길 원하는 모습으로 나왔거든요. 아마도 타인에게 '나 좋은 상황에 있지는 않지만, 그럭저럭 괜찮아. 나는 힘든 상황이긴 하지만, 잘 극복해 나가고 있어' 이런 메시지를 전하고 싶은 거라고 볼 수 있습니다.

CT : 어머, 맞네. 저는 막 무너지고 징징거리고 힘들어하고 이런 모습 다른 사람한테 보이기 싫어하거든요. 그래서 일부러 막 괜찮은 척도 하고 그래요.

TR : 안 괜찮을 때 안 괜찮다고 말할 수 있으면 그나마 좀 나은 상황 아닐까요. 그렇게 말할 수 없어서 괜찮은 척을 해야 하는 상황은 몇 배로 더 힘들죠.

CT : (울먹이며) 네, 맞아요.

TR : 속이 많이 상하신가 보네요.

CT : 다들 몰라주니까, 알리고 싶지도 않고. 알릴 수도 없고요.

TR : 그럼 깊은 마음속에서는 어떤 걸 원하고 계시는지 한번 볼까요. (3번 카드를 가리킨다.)

CT : (3번 카드를 뒤집는다.)

TR : 검 6번이 나왔네요. 검은 좋든 싫든 처리해야 할 의무를 말합니다. 거꾸로 놓인 것은 해
　　 결되었다는 뜻이고요. 배가 물결이 거친 곳에서 잔잔한 곳으로 가고 있는 걸 보면 이제
　　 조금씩 안정을 찾아가는 모양입니다. 그래도 이걸 다 짊어지고 가야 하는 뱃사공이 배
　　 를 모는 건 참 힘들겠네요.

CT : 어휴. 정말 제 마음이네요.

TR : 그런데 (2번 카드를 짚으며) 이렇게 겉으로 보이든 (3번 카드를 짚으며) 마음속으로 원하든 극
　　 복과 안정을 간절히 원하는 건 분명한데 (4번 카드를 짚으며) 이런 마음을 방해하는 게 있
　　 네요. 뭔지 한번 볼까요? 【6-ⓔ 카드의 연관된 의미 설명 반복】

CT : (4번 카드를 뒤집는다.)

TR : 음, 혹시 연인과 헤어지시는 과정에서 다른 사람의 개입이 있었나요?

CT : 어머, 그것도 나와요? 어머머, 나 지금 소름 돋았어. 아, 진짜 머릿속이 막 어지러워서 지
　　 금….

TR : 괜찮으신가요? 시간을 좀 드릴까요?

CT : 잠시만요. 아니요, 괜찮아요. 봐주세요. 어머머, 완전 신기하네요. 【6-ⓕ 상담자의 평정심】

TR : 세 사람이 마음을 담는 컵을 들고 빙글빙글 돌고 있죠. 춤을 추면서 파티를 하는 것 같기
　　 도 하네요. 3이라는 숫자는 안정을 이야기하기도 하지만 사실 갈등을 나타내기도 하거
　　 든요.

CT : (한숨 쉬며) 헤어진 이유가요. 남자 친구가 제 친구랑 사귀다가 들켰거든요.

TR : 굉장히 속상한 상황이네요.

CT : 셋이서 만난 적이 몇 번 있는데 둘이 눈 맞은 거죠. 게다가 다 같은 학교 다녀요.

TR : 그럼 안 보고 싶다고 안 볼 수도 없을 텐데요. 다른 사람들도 이 관계를 다 알 것이고.

CT : 그러니까 제가 더 괜찮은 척할 수밖에 없는 거예요. 빨리 방학을 했으면 좋겠어요. 이 자

식이 빨리 군대를 가버리든가.

TR : 그것도 한 방법이겠네요.

CT : 제가 왜 이 인간들을 피해 다녀야 하는지도 모르겠어요.

TR : 전 남자친구의 마음이 어떨지 정말 궁금하시겠어요.

CT : 네. 둘이서 잘 놀고 잘 다니는데, 남자 친구가 막 그렇게 여자를 좋아하는 스타일도 아니고 여자들한테 인기 있는 스타일도 아니에요. 되게 보수적이고. 제 친구는 엄청 노는 애거든요. 둘이 어울릴 수가 없는데.

TR : 그러네요. 왼손을 쓰는 거로 남자 여자 운운할 정도면 보수적이고 다소 고루한 스타일인 것 같은데.

CT : 그리고 남자 친구가 저를 정말 좋아했거든요. 최소한 저는 정말 그렇게 느꼈거든요. 지금 대체 무슨 생각으로 저러는지 모르겠어요. 그리고 제가 가는 곳마다 있어요. 꼭 제 앞에 보이려고 작정한 애들 같아요. 아니 자기들이 좋으면 그냥 놀지 왜 자꾸 저랑 같은 공간에 있는지, 안 그럴 수도 있는데.

TR : 그래서 전 남자친구 마음이 궁금하신 거군요.

CT : 네. 진짜 궁금해요.

TR : 지금 이 사람은 이러고 있다고 생각하고 고르셨던 카드를 열어주세요.

CT : (5번 카드를 뒤집으며) 이거죠?

TR : 어떤 느낌이 드세요?

CT : 골치 아픈 것 같은데요. 연애가 잘 안 되나?

TR : 다른 사람의 마음이라서 꼭 이렇다, 아니다라고 단정 지을 수는 없고요. 조금 더 디테일하게 보자면 내 마음에 비친 그 사람의 모습이라고 할 수 있습니다. 내가 그 사람을 이렇게 볼 이유가 무엇일까 생각해 보시는 것도 좋습니다. 이 사람이 이럴 수도 있구나 하는 마음으로 봐주세요.

CT : 네. 그럴 것 같다? 뭐 그런 느낌이네요. 정말 이럴지는 모르겠지만 얘는 정말 이러고 있을 수 있겠다는 생각이 드네요.

TR : 좋습니다. 어떤 이미지가 눈에 들어오세요?

CT : 일단 하늘의 달이 골치 아픈 것처럼 얼굴을 찡그리고 있고요. 이 개들이요. 화가 나 있는 것 같은데요.

TR : 네. 말씀대로 하늘에는 달이 떠 있는데 인상을 쓰고 있죠. 시끄럽게 짖고 있는 이 동물들은 개와 늑대라고 보기도 해요. 개와 늑대의 시간이라는 표현을 혹시 들어보셨나요?

CT : 들어본 것 같긴 해요. 무슨 뜻인지는 모르겠어요.

TR : 해가 질 때와 뜰 때 어둠이 깊어서 주위에 있는 물체들이 뭐가 뭔지 잘 알 수 없는 시간을 말한다고 합니다. 이때는 개와 늑대가 같이 있으면 구분이 안 된다고 해요. 개는 친구, 내 편을 뜻하고 늑대는 적을 뜻합니다. 대인관계에 있어서 적군인지 아군인지 구분이 안 되어서 스트레스를 받을 수 있다는 말이네요.

CT : 아. 누가 내 편인지 모르겠다, 이거군요.

TR : 그리고 물 밖으로 나온 가재가 있죠. 물로 돌아갈 수는 없고 앞으로 가야 하는데 길이 하나뿐입니다. 새로운 상황이라 두렵고 친구인지 적인지 구분도 안 되는 어두운 길을 시끄럽고 골치 아픈 상황을 감당하면서 가야 합니다.

CT : 그렇죠. 아마 얘도 주변에서 엄청 수군거릴 테니까 스트레스가 많을 거예요. 여자애가 CC도 많이 했었고 좀 노는 애라서 소문도 많거든요.

TR : 전 남자친구분이 뭘 원하시는지 한번 볼까요?

CT : (6번 카드를 뒤집는다.)

TR : 진짜 사랑을 하고 싶다. 정말 좋아하는 사람과 함께 있고 싶다.

CT : 그렇게 하고 있으면서 뭐가 문제일까요, 기가 막혀서.

TR : 뭐가 문제인지도 한번 볼까요?

CT : (7번 카드를 뒤집는다.)

TR : 어떤 이미지가 눈에 좀 들어오세요?

CT : 뫼비우스의 띠 뭐 이런 거 아닌가요? 그리고 별이 그려진 동그라미를 두 개 가지고 있네요.

TR : 네. 뫼비우스의 띠이자 무한대의 표식으로 봅니다. 무한한 가능성을 가지고 있는 거죠. 이 황금색 별이 그려진 동그라미는 펜터클이라고 합니다. 돈으로 보기도 하고 실질적인 대상, 구체적인 관계를 말합니다. 그림에 있는 이 친구는 무한한 가능성을 가진 가운데 두 개의 대상을 놓고 어떻게 할까 고민하고 있네요.

CT : 이게 문제점이라고 하셨죠?

TR : (5번 카드를 손으로 짚으며) 여러모로 주변 상황이 시끄럽고 골치가 아픈 상황에서 (6번 카드를 손으로 짚으며) 진짜 좋아하는 사람과 연애하고 사랑하고 싶은데 (7번 카드를 손으로 짚으며) 할 수는 있을 것 같은데 어느 쪽을 택해야 할지 모르고 있는 거네요. 【6-ⓒ 카드의 연관된 의미 설명 반복】

CT : 저랑 제 친구 사이에서 갈등하고 있을 수도 있겠네요. 뻔해요. 정말 그럴 거예요, 아마.

TR : 앞으로 두 분에게 어떤 일이 일어나게 될지 흐름을 한번 볼까요?

CT : (8번 카드를 뒤집는다.)

TR : 어떤 느낌이 드세요?

CT : 어 뭐지, 백마 탄 왕자가 오는 거예요?

TR : 백마를 탄 기사입니다. 손에는 컵을 들고 자신의 마음을 전하러 오고 있네요.

CT : 저한테요?

TR : 흐름은 그렇습니다. 어떻게든 전 남자친구분이 자기 마음을 표현하려고 할 수는 있을 것 같은데요.

CT : 그렇겠네요. 그럴 거 같긴 해요. 언제까지 그렇게 있을 수는 없을 테니까. 한번은 저랑 얘기를 하고 싶긴 할 거예요.

TR : 그리고 3개월에서 6개월이 지나면서는 (9번 카드를 짚으며) 이렇게 되겠죠. 한번 열어보시겠어요?

CT : (9번 카드를 뒤집는다.)

TR : 지팡이의 시종이 나왔네요. 어떤 느낌이 드세요?

CT : 뭔가 되게 열심히 일하고 있는 것 같은데, 서투를 것 같아요.

TR : 주변은 어떤가요?

CT : 사막인가 봐요? 사막에 나무를 심는 건가 보네요.

TR : 네, 맞습니다. 척박한 사막에 자신의 지팡이를 세우고 있는 중입니다. 이 어린 친구는 기사가 되기 위해 수련을 하는 젊은이를 말하는데요. 초심자, 시작하는 사람의 의미도 있습니다. 지팡이는 자신의 야망, 고유한 바람, 가능성의 뜻을 가지고 있어요. 자신의 지팡이를 다시 세우는 일을 하게 됩니다. 어떤 시작을 말하는 걸까요?

CT : 아, 갑자기 기분이 좀 그래요.

TR : 어떤 생각이 드셨나요?

CT : 전 남자친구랑 연애를 다시 시작하게 될 것 같다는 말인 것 같은데요.

TR : 그런 느낌이 불쾌하신가요?

CT : 저는 정말 싫어요. 근데 걔가 자꾸 저랑 엮이려고 하는 것 같아서 그래요.

TR : 혹시 원하지 않는데 억지로 다시 시작하게 될 가능성이라도 있는가요?

CT : 그게요. 주변에서 걔를 불쌍해하는 거예요. 워낙 제 친구가, 그러니까 지금 여자 친구가 노는 애라서. 조만간 둘이 깨질 거라고. 오래 못 간다고. 그럼 당연히 제가 다시 받아줄 거라고 하는 거예요.

TR : 주변에서 소설을 쓰는 것 같네요?

CT : 그러게 말이에요. 그래서 제 생각에는 남자친구가 은근히 그런 얘길 하고 다니나, 제가 어떻게 나오나 보려고, 다시 받아주게 하려고 그러나, 그런 생각이 드는 거예요. 아 진짜 이대로 다시 만나게 되는 건 싫은데.

TR : 글쎄요, 직접적으로 관계가 다시 시작된다는 의미의 카드는 따로 있어서요. 그게 나왔다 면 모를까. 관계가 다시 시작된다는 의미로 쓰인 카드는 아닌 것 같은데요.

CT : 관계가 다시 시작된다는 카드는 어떤 거예요?

TR : (카드 더미를 뒤져서 컵 2번 카드를 보여주며) 이런 이미지가 나오면 그렇게 해석할 수도 있을 것 같은데요.

CT : 아, 이건 정말 그렇겠네.

TR : 지금 이 두 카드를 (8번과 9번 카드를 나란히 붙여놓으며) 놓고 보면 기사는 자신의 마음을 전 하러 가는데 이 젊은이는 뭐가 오든지 말든지 상관없이 자신의 지팡이를 관리하는 데 전념하고 있는 모습이거든요. 지팡이는 나무, 묘목이라는 의미도 있습니다. 자신의 것을 키워나가기 위해 준비하고 시작하고 있는 거죠. 아마도 두 분의 관계가 이런 모습이지 않을까 싶어요.

CT : 네. 맞는 것 같아요. 얘가 저한테 어떻게든 한번은 대화를 하려고 할 건데, 왜냐하면 지 금 상황이 말도 안 되게 막 꼬여있어서 풀긴 풀어야 하거든요. 근데 저는 딱히 막 미련 이 남는, 뭐 미련이 아예 안 남은 건 아닌데 제 친구도 그렇고 남자 친구도 그렇고 밉기 도 하지만 너무 한심하고 인간 이하의 짓거리를 해서 실망을 많이 했거든요. 이런 마음 으로 다시 시작한다는 건 말도 안 되는 것 같아서 그냥 저는 제 일에 충실하려고 해요. 근데 이제 마음이 정리가 잘 안 되니까 어떻게 해야 할지 몰라서 타로를 보러 온 거거든 요.

TR : 어떻게 하면 제일 좋을지 마지막 카드가 한 장 남아있네요. 열어볼까요?

CT : (10번 카드를 뒤집으며) 이건가 보네요.

TR : 거꾸로 매달린 사람이 나왔네요. 힘든 상황인데 표정이 매우 평온합니다. 머리에는 지혜와 성찰을 뜻하는 황금빛 후광이 비치고 있고 푸른 옷과 붉은 옷을 아래위로 입고 있습니다. 내적 외적 힘을 모두 갖춘 강인한 사람이라는 의미입니다. 이 사람의 발을 보시겠어요? 꽉 묶여있나요?

CT : 대충 묶어놓은 것 같은데요.

TR : 네, 맞습니다. 조금만 발을 흔들면 곧 풀려날 수 있을 텐데 이 사람은 그럴 생각이 없어 보이죠. 흔들거리지도 않고 고요하고 차분하게 자신의 상황을 견디고 있습니다. 뿌리치고 가지 않는 이유는 이 고된 시간이 충분히 버틸 가치가 있기 때문입니다. 이 시간만 넘기면 이 사람은 본인이 원하는 가치 있는 깨달음을 얻게 될 거거든요.

CT : (울먹이며) 힘든 상황을 버틴다. 딱 맞는 말이네요.

TR : 도망가버릴 수도 있고 그만둘 수도 있지만 그렇게 하지 않고 굳센 의지로 버티고 있어요. 마음은 한 곳을 향하고 있고 심하게 요동치고 있지도 않습니다. 밤송이도 속이 꽉 차야 벌어지듯이 이 그림 속의 인물도 충실하게 고행을 견디며 자신의 내실을 다지고 있는 중입니다. 내가 지금 보내고 있는 시간이 정말 내 성장의 시간이구나 하고 버텨보라는 의미겠네요. 좀 더 구체적으로 어떻게 해야 하는지 메시지를 한번 받아볼까요. 【6-◎ 한 장 더 고르기】

TR : (천사와 요정의 영적 지혜 오라클 카드를 잘 섞어서 펼치며) 이 상황에서 내가 어떻게 하면 가장 좋을까 생각하시면서 카드를 한 장 골라주세요.

CT : (카드를 한 장 골라 끌어다 놓으며) 이거요.

TR : 바로 확인해 보겠습니다. 카드를 뒤집어 주세요.

CT : (고른 카드를 뒤집으며) 요정이 나무에 앉아있네요. 머리 짧은 게 나하고 똑같네.

TR : APPLE BLOSSOM FAIRY, 사과꽃 요정이네요. 'Believe in your many strengths and follow the pathway that benefits you', '당신이 가진 다양한 힘을 믿고 당신에게 도움이 되는 길을 따라가라', 어떤 느낌이 드세요?

CT : 이 시간을 견디되 저한테 도움이 되는 걸 좀 붙들고 가야겠어요. 더 이상 구질구질한 관계에 발 묶여서 힘들고 싶지 않네요.

TR : 지금까지 보신 카드 중에 어떤 카드가 가장 기억에 남을 것 같으세요? 〔6-⑧ 필수 질문 : 기억에 남는 카드〕

CT : 이 요정 카드하고 아까 그 삼각관계 얘기한 카드요. 진짜 깜짝 놀랐거든요. 그런데 정말 자신이 없어요. 남자 친구가 다시 돌아오면 안 받아줄 자신도 없고 그렇게 다시 시작되면 제 친구가 또 가만있지 않을 거고. 그 관계에 엮여서 엉망진창이 될 것 같아요.

TR : 그럼 마지막으로 제가, 선물로 카드를 하나 골라드릴게요.

CT : 네?

TR : (유니버셜 웨이트 타로를 잘 섞어서 펼친 후 한 장을 골라 내담자의 앞에 놓으며) 이게 제 선물입니다. 카드를 한번 뒤집어서 보시겠어요?

CT : 아, 네네. 〔6-⑪ 내담자에게 주는 선물 카드〕

TR : 어떤 이미지가 보이세요?

CT : 화려한 여자가 혼자 서 있네요. 손에 새를 올려놓고 있고 새가 얼굴에 모자인가? 뭘 쓰고 있어요.

TR : 어떤 느낌이 드세요?

CT : 그냥 혼자서 되게 편안한 사람인 것 같아요.

TR : 이 펜터클들은 이 인물이 이루어놓은 것이 많고 자수성가한 풍족함에 둘러싸인 사람임
을 말합니다. 이 새는 중세 시대의 전령이고, 소통을 상징합니다. 얼굴을 가려놓은 건 굳
이 누군가와 나눌 필요가 없다는 말이기도 해요. 홀로 충분히 만족하고 행복하다면 굳
이 타인에게 내가 이렇다고 설명하고 알리는 데 힘을 들일 필요가 없다는 말이겠네요.

CT : (울먹이며) 아, 정말. 저한테 필요한 말이에요. 전 정말 이제 연애 같은 거 안 해도 할 일
많거든요. 친구들도 많고요. 진짜 지긋지긋한데, 그만 신경 써야겠어요.

(후략)

마치며

　본격적으로 책을 써야겠다고 결심한 때는 총 회기가 서너 번밖에 안 되는 너무나 짧은 만남이 예정된 내담자를 만난 후였습니다.

　너무나 힘든 삶을 살아온 탓에 타인에 대해서 마음을 여는 법도 자기 이야기를 하는 법도 전혀 모르는 내담자였습니다. 그러나 어떻게든 잘 살아보고 싶다, 자신을 괴롭히는 내적 갈등을 해소하고 싶다는 깊은 욕구가 느껴져 참으로 난감했습니다.

　언제 어디서나 상담사는 늘 이런 내담자들을 만날 수밖에 없고 아쉬움은 배가 됩니다. 제대로 상담을 진행하기 위해 해야 할 작업은 많기만 하고 시간은 너무나 부족합니다. 상황에 하등 도움이 안 되는 데도 마음은 조급해지기만 합니다. 총체적 난국이 아닐 수 없습니다.

　"선생님, 타로도 보세요? 저도 봐주세요."

　우연히 물어본 내담자의 이 한 마디가 그토록 훌륭한 해결책이 될 줄은 몰랐습니다. 타로를 가지고 이런저런 이야기를 하며 서너 번의 짧은 회기를 보내는 동안 내담자는 놀라울 정도로 방어를 쉽게 허물었고 하기 힘든 말과 모호하게 남아있던 과거의 기억을 퍽 수월하게 되살렸습니다.

　내담자가 짧게나마 깊은 통찰을 맛볼 수 있었던 것은 모두 타로가 가진 풍부한 상징 덕분이었습니다. 이런 경험을 많은 내담자들이 하면 좋겠다는 바람이 생겼고 아울러 상담사들도 부족한 시간에 대한 아쉬움에서 많이 벗어날 수 있겠다는 확신이 들었습니다.

　부디 시간도 부족하고 방어가 심한 내담자들을 만나는 것이 일상인 상담사들이 타로가 가진 장점을 십분 활용할 수 있기를 진심으로 바랍니다.

심리상담을 위한
타로 카드 활용법

초판 1쇄 발행 2022년 01월 19일
초판 3쇄 발행 2024년 03월 11일

지은이 박민정
펴낸이 류태연

펴낸곳 렛츠북
주소 서울시 마포구 양화로11길 42, 3층(서교동)
등록 2015년 05월 15일 제2018-000065호
전화 070-4786-4823 | **팩스** 070-7610-2823
이메일 letsbook2@naver.com | **홈페이지** http://www.letsbook21.co.kr
블로그 https://blog.naver.com/letsbook2 | **인스타그램** @letsbook2

ISBN 979-11-6054-526-5 13180

이 책은 저작권법에 따라 보호를 받는 저작물이므로 무단전재 및 복제를 금지하며,
이 책 내용의 전부 및 일부를 이용하려면 반드시 저작권자와 도서출판 렛츠북의
서면동의를 받아야 합니다.

* 잘못된 책은 구입하신 서점에서 바꾸어 드립니다.